3720-890
MW01679450

LA LITERATURA DE LOS AZTECAS

EL LEGADO DE LA AMÉRICA INDÍGENA

Serie dirigida por

MIGUEL LEÓN-PORTILLA

y DEMETRIO SODI M.

EDITORIAL JOAQUÍN MORTIZ · MÉXICO

LA LITERATURA DE LOS AZTECAS

por

ÁNGEL M. GARIBAY K.

Primera edición, agosto de 1964
Décimotercera reimpresión, noviembre de 1991
D. R. © 1964, Editorial Joaquín Mortiz, S.A. de C. V.
Grupo Editorial Planeta
Insurgentes Sur 1162-3o., Col. del Valle
Deleg. Benito Juárez, C. P. 03100, D. F.

ISBN 968-27-0010-8

A

Miguel León-Portilla,

por su obra

indigenista

INTRODUCCIÓN

Al llegar al territorio que hoy forma la nación mexicana los conquistadores españoles tuvieron el primer contacto con la población nativa de habla maya. Pero no se hizo la penetración de esa región sino hasta muy avanzado el siglo. La penetración y conquista que culminó el 13 de agosto de 1521 fue en pueblos de habla nahua. Los más cultos y organizados, bajo la dominación del señorío de Tenochtitlan y sus aliados, que con nombre ya divulgado suele llamarse Imperio Azteca. Los que ya hablaban esa lengua la impusieron a los pueblos sometidos como lengua de dominación y comercio. Fue de esta manera una lengua de gran difusión y en la práctica comprendida por los pueblos de diferentes idiomas. La unidad de lengua facilitó la penetración hispana en todos los pueblos dominados. Esta lengua tiene por nombre náhuatl, pero en este escrito, a diferencia de otros publicados, usaré el término azteca, como más conocido y usado por el gran público de América Española, a quien principalmente se destina esta edición de testimonios de aquella producción literaria.

No bien cesó el fragor de las armas, los misioneros y los hombres cultos que fueron llegando a esta tierra iniciaron una investigación acerca de aquella cultura en todos sus aspectos. Y como hallaron abundante cantidad de textos en la lengua nativa, que fueron aprendiendo ellos, tuvieron la preocupación de rescatarlos de la memoria y salvarlos del naufragio por medio del alfabeto. Es verdaderamente asombrosa la suma de escritos en lengua azteca que se allegaron y muchos de ellos han salvado las tormentas de los siglos y las incomprensiones o desdén de los hombres y los tenemos a nuestra disposición.

Ya en 1528 se redacta y escribe por indios la primera

de las recopilaciones históricas que hoy se hallan en la Biblioteca de París, por vicisitudes de la fortuna, y está marcado con el nº 22. Este Ms. tiene valor inapreciable, no solamente por ser tan antiguo, sino por haber recopilado textos que hoy en vano buscaríamos en otra parte.

No voy a hacer ahora la historia de la indagación, de que he hablado en diversos escritos míos. La bibliografía sumaria que pondré al fin de esta nota servirá a quien se interesa por mayores informes. En realidad todo el siglo XVI y aun parte del XVII estuvieron atentos a recoger materiales y más materiales en lengua azteca. Hay que destacar el hecho de Fr. Bernardino de Sahagún, que dedicó su vida a esta indagación. Él, más que nadie, reunió los testimonios de la cultura vencida, en la lengua de ellos y por individuos de su misma raza, que dominaban ya el alfabeto y la lengua hispana, y aun habían bebido en las fuentes de la cultura latina. Más que la obra de este franciscano valió el ejemplo y el método. Muchos imitaron su trabajo, que va desde 1530 a 1590, o un poco más tarde.

De esa serie de testimonios en lengua nativa, honradamente traducidos, cuanto mis fuerzas me asisten, van aquí unas muestras. No todas las que fuera de desearse. Pero la brevedad, como en la abeja, da la miel, mejor que una abrumadora serie que nadie leyera. La intención de quien da a la luz estas publicaciones es que en el Continente nuestro se despierte y avive el sentido de la herencia de los pueblos que antes de nosotros pisaron los caminos y vieron la bella luz de nuestros soles mexicanos. He publicado la mayor parte de estos textos en otras de mis producciones. En ésta he revisado la versión y, a veces hecho, de nuevo. Lo cual no es signo de infidelidad. Muchos textos pueden traducirse de muchos modos. Según el fin. ¿Han acabado las versiones de Horacio, o las traducciones de los Salmos, para solamente dar dos ejemplos? El que es cuerdo sabe que no se puede dar en ninguna versión todo el contenido del original. Por eso se ensayan varias, para captar la belleza, o la exactitud científica, según los fines del estudio.

Divido mis textos en varias breves secciones: Poemas de carácter épico sacro. Poemas de tenor heroico. Poesías líricas, en las cuales escojo de preferencia las breves. Y como de los más bellos que guarda el tesoro azteca, algunos fragmentos de los consejos con que los ancianos adoctrinaban a los niños y jóvenes. Son puramente dedadas de miel para que los interesados busquen el panal. Creo que con estas restricciones se cumplen los fines de esta publicación, de necesidad y de voluntad, breve.

En cada texto o sección de ellos, agrego la nota de su origen y alguna vez aclaraciones sobre personas y hechos, en ayuda principalmente de personas extrañas a México, pero que quieren interesarse por lo suyo. En las obras que cito en la bibliografía se dan datos para proseguir la investigación, si a alguno le place.

ÁNGEL Mª GARIBAY K.

México, octubre de 1963.

I

TESTIMONIOS POÉTICOS

I. POEMAS SACROS ÉPICOS

1. EL QUINTO SOL

Cuatro años había ardido el horno sacro allá en Teotihuacan.

Y el dios de la vida [Tonacatecuhtli], y el dios del tiempo [Xiuhteuctli], llaman al lleno de llagas [Nanáhuatl] y le dicen:

—¡Tú tienes que sostener ahora al cielo y a la tierra!

Y el dios se puso triste y dijo así:

—¿Qué están diciendo? ¡Hay dioses allí! Yo soy infeliz enfermo.

Llaman al dios que celebra su fiesta en 4-Pedernal. La Luna es.

Habla el dios de las lluvias [Tlalocantecuhtli], y habla el dios de los cuatro rumbos del mundo [Nappatecuhtli]. Ellos lo mandaron.

El dios llagado [Nanáhuatl] ya se pone a hacer penitencia: toma sus espinas de agave; toma su rama de abeto, se punza las piernas en sacrificio ritual y la Luna hace su penitencia.

Luego se va al baño y en pos de él va la Luna.

Su abeto era plumas de quetzal [*trogus sp.*] y sus espinas eran jades, y lo que echaba en el fuego eran también esmeraldas.

Cuando hubo acabado el periodo de cuatro días para hacer la penitencia, el dios llagado ya toma sus plumas y se pone las blancas rayas de la víctima del sacrificio. Ya se va a arrojar al fuego.

Pero la Luna aún está aterida, anda escupiendo por el frío.

Ya va el dios llagado y se arroja al fuego: en puras llamas cayó.

Ya va la Luna y se echa al fuego: sólo en ceniza cayó.

Hechos fueron ya. Pero llegan el águila y el tigre.
El águila se repliega, se reduce y se atreve.
El tigre tiene temores y no se atreve a caer.
Saltó el águila y ardió. Saltó el tigre y quedó solo a la vera del fuego.
El águila se ennegreció: el tigre solamente se manchó con huellas de fuego.
El gavilán llega luego y en el fuego queda ahumado.
Llega luego el oso y solamente se chamusca.
¡Tres de ellos no supieron cómo debieran portarse: tigre, gavilán y oso!
Encumbra al cielo el dios llagado y los dioses de la vida le dan aposento allí. Lo ponen en rico solio de plumas de mil colores. Le colocan en la frente una rica manta de plumas y le tatúan el rostro.
Y pasaron cuatro días y el Sol en el cielo estaba.
La tierra toda temía bajo las sombras que se eternizaban.
Se juntan todos los dioses y forman su concilio:
—¿Qué pasa que él no se mueve?
El Sol era el dios llagado mudado en sol, desde su trono:
Va el gavilán y pregunta:
¡Los dioses quieren saber por qué razón no te mueves!
Y el Sol le respondió: ¿Sabes por qué? ¡Quiero sangre humana!
¡Quiero que me den sus hijos, quiero que me den su prole!
Se congregaron los dioses y deliberando están.
El dios de la aurora [Tlahuizcalpantecuhtli] dijo, en voz sonora:
—¡Yo voy y yo le doy un flechazo . . . ¿por qué se ha de detener?
Hizo el conato y lanzó su dardo, no dio en el blanco. Y entonces forma una saeta con plumas color de luz solar.

Pero con una flecha de plumas rojas color de llama, al fin lo pudo saetear.

Ya marchan los Nueve Cielos; ya el mundo girando está.

Y el mismo dios de la aurora viene trayendo el hielo.

Otra vez los dioses se congregan:

El precioso del Sur [Huitzilopochtli], el dominador de los hombres [Titlacahuan], y las mujeres Flor rica de plumas [Xochiquetzal] y la Negra Falda con la de Roja Falda [Yapalicue, Nochpalicue].

Y todos los dioses mueren allí en Teotihuacan.

En cuanto a la Luna, sube y va por el firmamento. Ella que solamente en la ceniza había caído.

Iba llegando al borde del cielo cuando el dios de las espumas [Papáztac] le rompió la cara con un conejo, que le dejó allí incrustado.

Cuando ella bajaba al hondo abismo la vinieron a encontrar los dioses de la funesta fortuna, todos ellos alargados [tzitzimime], y los que giran en rápido vuelo en medio del torbellino [Koleletin]. Entonces le preguntaron:

—¿Qué intentas? ¿A dónde vas?

Y entonces fue cesando su marcha: iba vestida de puros harapos.

Y cuando el Sol se detuvo —el Sol de los Cuatro Movimientos— también era la hora en que llegaba la noche.

2. RESTAURACIÓN DEL GÉNERO HUMANO DESTRUIDO

Ya los dioses se congregan y dicen unos a otros:

—¿Quién ha de habitar allá? ¡Los cielos se han estacionado: el señor de la tierra [Taltecuhtli] inmóvil está!

Se pusieron afligidos la diosa de falda de estrellas [Citlalicue] y el dios de luz solar reluciente [Citlaltónac]; el que manda en las costas [Apantecuhtli], el que sale en lugar de otros [Tepanquisqui], el que da consistencia al mundo [Tlalamanqui], el que mueve la azada de labranza [Huictolinqui], el dios de plumas preciosas [Quetzalcóatl], y aquel de quien somos esclavos [Titlacahuan].

Pero ya va Quetzalcóatl donde reina el dios de la muerte.

Cuando llega ante el señor de los muertos y la señora de los muertos, les dice:

—¡He venido yo! ¡Tú guardas preciosos huesos! Vine a tomarlos.

Y dijo el rey de la región de los muertos:

—¿Qué vas a hacer con ellos, Quetzalcóatl?

—Dolientes están los dioses, porque dicen: ¿Quién ha de habitar en la tierra?

Y Mictlantecuhtli dice:

—¡Bien está! Tañe primero mi caracol y da cuatro vueltas en torno de mi solio circular hecho de esmeraldas.

Pero el caracol no tenía perforación para asirlo. Llama luego Quetzalcóatl a los gusanos: al punto lo perforaron. Entraron allí al instante las abejas y los avispones. Y se ponen a tañer todos soplando en el caracol.

Oyó el rey de la región de los muertos al caracol que tañía. Y dijo a Quetzalcóatl:

— Bien está: toma los huesos.

Y dijo también a sus servidores:

— A los que habitan en la región de la muerte id a decir: Dioses: ¡Sólo tiene que dejarlos!

Pero Quetzalcóatl le dijo:

— ¡Por cierto que he de llevarlos y en una sola vez!

Y habló también cor su doble y le dijo: Dí a los dioses: Voy a dejarlos. Y dijo para sí Quetzalcóatl: ¡Dejarlos, sí; qué dejarlos!

Subió en alto Quetzalcóatl y tomó preciosos huesos: en una parte están colocados huesos de varón; en otra parte, huesos de mujer. Los toma rápidamente y hace un fardo con ellos y luego ya va cargándolos.

El rey de la región de los muertos grita de nuevo a sus criados:

— ¡Dioses; de veras se lleva Quetzalcóatl huesos preciosos! ¡Poned fosos en la tierra!

Al momento abren los fosos y en ellos cayó él y dio contra las paredes: salieron despavoridas las codornices y él quedó como amortecido en su caída. Todos los huesos rodaron por tierra y las codornices comenzaron a mordisquearlos y a roerlos.

Quetzalcóatl volvió en sí y se puso a llora . Dijo entonces a su doble: ¡Mi doble! ¿Cómo será esto? ¿Cómo será? ¡Sea como fuere, cierto que así será!

Se puso a juntar los huesos, los fue recogiendo del suelo, hizo de nuevo su lío.

Luego los llevó a Tamoanchan [tierra de la vida naciente], y cuando allá hubo llegado, la que fomenta las plantas [Quilaztli], que es la misma Cihuacóatl, los remolió y los puso en rico lebrillo y sobre ellos Quetzalcóatl se sangró el miembro viril tras el baño en agua caliente que la diosa les había dado.

Y todos aquellos dioses que arriba se mencionaron hicieron igual forma de autosacrificio — El dios de las riberas del mar, el que mueve la azada de labranza, el que sale en lugar de otros, el que da consistencia al mundo, el que baja de cabeza [Tzontémoc], y en sexto lugar, el mismo Quetzalcóatl.

Dijeron entonces los dioses:

—¡Dioses nacieron: son los hombres!

Y es que por nosotros hicieron ellos merecimientos.

3. HALLAZGO DE LOS SUSTENTOS

De nuevo los dioses dicen:

—¿Qué van a comer los hombres? ¡Andan buscando alimentos!

Ya va a tomar la hormiga roja los granos de maíz al Monte de los sustentos. Se encontró con Quetzalcóatl y él le dijo:

—¿En qué lugar fuiste a coger esos granos? ¡Dímelo por favor!

Ella no quería decirlo: porfió él en preguntarlo. Y por fin le dijo ella:

—¡Allá en el Monte de los sustentos! Y la hormiga lo conduce allá. Quetzalcóatl se trocó en hormiga negra. Lo va acompañando la otra y entra al Monte de los sustentos.

Ya los dos juntos transportan y ponen en la orilla de la montaña los granos de maíz. Luego los llevan a Tamoanchan [tierra de la vida nueva].

Los mordisquearon los dioses. En nuestros labios los pusieron y con esos fuimos creciendo.

Dicen entonces [los dioses]:

—¿Qué hacer con el Monte de los sustentos?

Va Quetzalcóatl en seguida y hace intentos de cargarlo. Lo ató con cuerdas, pero no pudo levantarlo.

Con los granos de maíz echa suertes Oxomoco y su esposa Cipactónal empieza a leer los destinos.

Y los dos dijeron juntos:

—Lo ha de quebrantar el dios llagado [Nanáhuatl]. Y ellos echaban sus suertes.

Pero llegaron todos los dioses de tierra y lluvia [Tlaloque]:

Dioses azules, cual cielo; dioses blancos; dioses amarillos; dioses rojos. Hicieron un montón de tierra. Y se llevaron los dioses de la tierra y de la lluvia [Tlaloque], todos los sustentos: maíz blanco, maíz amarillo, la caña de maíz verde; maíz negruzco, y el frijol, los bledos, la chía, la chicalota,... ¡Todo lo que es sustento nuestro fue arrebatado por los dioses de la lluvia!

4. JUEGO DE PELOTA FUNESTO

Juega a la pelota Huémac; juega con los dioses de la lluvia y la tierra.

Le dijeron los Tlaloque: ¿Qué ganamos al jugar?

Huémac responde: —Mis jades, mis plumajes de quetzal.

Luego los dioses dijeron: —Eso mismo ganas tú:

Nuestras verdes piedras finas, nuestras plumas de quetzal.

Ya juegan a la pelota: Huémac el juego ganó.

Ya vienen los dioses a cambiar lo que han de dar a Huémac: en vez de plumas de quetzal, le dan mazorcas tiernas de maíz, en lugar de plumas finas, le dan mazorcas con verde hoja, con lo que dentro contienen.

Huémac recibir no quiso: —¡No es eso lo que aposté! ¿No eran jades? ¿No eran plumajes de quetzal?

¡Eso quitadlo de aquí!

Dijeron los dioses: —Bien, dadle jades; dadle plumas.

Y tomaron sus dones y se fueron llevando sus tesoros.

Y en el camino decían: — Por cuatro años escondamos nuestras joyas: hambre y angustia han de sufrir.
Y cayó hielo tan alto que a la rodilla llegaba; se perdieron los sustentos y en pleno estío cayó hielo. Y tal era el ardor del sol que todo seco quedó: árboles, cactos, agaves, y aun las piedras se partían estallando ante el reverbero del sol.

5. RESTITUCIÓN BONDADOSA

Pasados los cuatro años de que el hambre reinaba en ellos, allá por el Cerro de las langostas [Chapultepec], aparecieron los dioses de la lluvia. Allí donde el agua se extiende. Y en el agua fue subiendo una mazorca tierna; el sustento.
Un tolteca que estaba allí cuando vio aquella mazorca con ardor se abalanzó a ella y la tomó y comenzó a morderla.
Sale del agua el dios que da las provisiones [Tláloc], y le dice:
— ¿Sabes tú qué es eso?
— ¡Bien que lo sé, oh dios mío, pero ha tanto tiempo que lo perdimos!
Siéntate y espera allí: voy a hablar yo con el rey. Se hundió en el agua y a poco del agua emergió trayendo una brazada de mazorcas tiernas. Y dijo:
— Anda, hombre: tómalas y velas a dar a Huémac.

Los cinco fragmentos anteriores pertenecen a un Ms. redactado en 1558 en la Ciudad de México, por un nativo, a base de poemas que sabía de memoria. Es resto de alguna epopeya religiosa perdida. Fue dado a luz este Ms. por Del Paso y Troncoso, Francisco, en Florencia, en 1903, con el nombre de Leyenda de los Soles. *Forma parte del llamado* Códice de Cuauhtitlan, *que se conserva en el Museo de Antropología e Historia de México. Fue publicado con versión alemana por Lehmann, en 1938, y por Primo Feliciano Velázquez, con versión castellana, en 1945. La versión que doy es nueva.*

II. POEMAS ÉPICOS HISTÓRICOS

6. QUETZALCÓATL BUSCA A SU PADRE (A)

Cuando ya un poco discierne, cuando va a cumplir nueve años, dijo él: —¿Cómo era mi padre? ¿Cómo era su figura?
¡Yo quisiera ver su rostro...!
Le respondieron: —Ha muerto. Muy lejos queda enterrado.
Ven a ver. Fue Quetzalcóatl y removió la tierra:
buscó sus huesos y cuando hubo sacado el esqueleto,
lo fue a sepultar en el palacio de la diosa de la verdura [Quilaztli].

7. ID. (B)

Al tiempo de que nacía [Quetzalcóatl] por espacio de cuatro días hizo estremecerse a su madre.
Y apenas hubo nacido, cuando la madre murió. Y al niño 1-Caña lo crió la diosa de las legumbres, la diosa comparte femenina [Quilaztli-Cihuacóatl].
Cuando ya era medianillo de edad lo llevó a su padre en plan de conquistar. Y el sitio en que se adiestró en la guerra se llamaba donde están los que tienen turquesas [Xihuacan]. Allí hizo cautivos.
Pero allí sus tíos los Cuatrocientos Serpientes de Nube [Centzon Mimixcohua], le mataron a su padre, al que habían aborrecido. Y cuando lo hubieron matado luego lo enterraron entre la arena.
Y el joven 1-Caña ya va en busca de su padre. Va diciendo:
—¿En dónde está mi padre?
Le responde el buitre: —A tu padre lo mataron: allá yace, allá lejos lo fueron a enterrar.

Él fue a recogerlo entonces y lo vino a colocar en su templo, [que es] el Monte de Mixcóatl.

Los tíos que lo habían matado con Apenecatl, Zolton, Cuilton [Morador de la ribera, Codornicilla, Cautivillo].

Esos tres se decían: ¿Con qué va a perforar su templo? ¡Ni que fuera conejo, ni que fuera serpiente! Nos enojaremos; ¡bien que hay un tigre, un águila, un oso! Eso mismo le dijeron.

1-Caña respondió: —¡Está bien: que sea así!

Entonces llama al tigre, al águila y al oso. Les dijo así:

—Venid acá, tíos míos: dizque con vosotros tengo que perforar mi templo. Y por cierto no moriréis, antes habréis de comer gente: aquella precisamente con que voy a perforar mi templo: ¡esa gente son mis tíos!

Y sin dificultad ninguna quedaron atados éstos con cuerdas por el cuello.

En seguida 1-Caña convoca a los topos y les dice:

—Venid acá, tíos míos: agujeraremos nuestro templo.

Inmediatamente los topos agujeraron cavando el templo y por la perforación entró 1-Caña y fue a salir en la cumbre del templo.

Y dijeron entonces sus tíos, los hermanos de su padre:

¡Nosotros somos los que vamos a dar pábulo a los palos que encienden el fuego! [e.d., vamos a ser sacrificados].

Cuando los vieron el tigre, el águila, el oso se alegraron grandemente. ¡Hubo muchos lamentos allí!

Cuando se reanimaron un tanto, ya dispone 1-Caña los palos del fuego.

Vienen llenos de cólera sus tíos: por delante va Apenecatl.

Subió de prisa a la cumbre. Al momento se le enfrenta 1-Caña y le rompe la cabeza con un espejo esférico.

Con lo cual rodó rápidamente hasta la falda del monte.

Ya iba a aferrar a Zolton y Cuilton y las fieras comenzaron a aullar.

Inmediatamente sacrifica a los dos: se pone a tirar chile y les unta un poco en el cuerpo y después se lo está sajando.

Cuando los ha atormentado, es cuando les abre el pecho.

Los dos fragmentos anteriores están en el Ms. de Cuautitlan; *el primero en la parte llamada* Anales *(p. 4), y el segundo en la tercera parte del mismo Ms. o sea la* Leyenda de los Soles, *(p. 80 y sgte.). Para la publicación, ver la nota a la sección anterior. 1-Caña, Ce Ácatl es el nombre de día del nacimiento de Quetzalcóatl. Se tenía como propio hasta recibir otro en su iniciación guerrera. Este mito tiene un sentido esotérico. Se pone aquí como literatura.*

8. EDAD DORADA DE TULA

Con Quetzalcóatl dio principio todo linaje de artes, todo lo que es técnica.

Erguidas estaban sus casas: Una era de esmeraldas, otra era de oro, otra de concha roja y otra de caracol. Había una casa de paneles de turquesas y otra de pluma de quetzal [*trogus sp.*].

. . . .

Todo allí era riqueza: fino y rico lo que se comía, toda clase de sustentos. Dicen que las calabazas eran inmensamente gruesas, tales que todo su cerco era de cuatro brazas, algunas eran de forma esférica.

Y las mazorcas de maíz tan largas como el mango del mortero de moler [mano de metate], bien largas y se tenían que abarcar con los brazos. Las plantas del bledo eran tan altas como palmas y crecían.

También allí se producía variada forma de algodón: rojo, amarillo, rosado, morado, verde claro, azul, verde oscuro, anaranjado, negruzco, purpurino, rojizo, bayo. Todo ese algodón nacía así teñido: nadie lo metía en tintes.

Vivían allí también toda clase de aves de bello plumaje: azulejos, quetzales, aves de negro y amarillo color, y las aves rojas preciosas de largo cuello. También toda clase de aves que tienen hermosos trinos, las de muy plácido canto.

Y todo género de piedras finas: jades. El oro no se estimaba: tanta cantidad de él había.

Tocante al cacao había el más fino y abundante, por todos los lugares había plantas de cacao.

Nunca los moradores de Tula sufrieron necesidad: siempre eran felices y prósperos. Nada en su casa hacía falta. Aquellas mazorquillas que quedaban atrofiadas y no crecían, solamente les servían para calentar los baños.

9. EL BAILE FUNESTO

El mago se aderezó con plumas para avasallar a la gente. Intenta que se haga el baile de canto y danza de todo el pueblo.

Mandó pregonar que todos los del contorno vinieran. La voz del heraldo llegaba a todos los rumbos del contorno. Fueron viniendo de prisa.

Se va hacia la región peñascosa con todos los muchachos y muchachas. Multitud innumerable. Luego empieza él el canto. Tañe el atabal, lo tañe con intensa repetición. Y luego comienza el baile. Se enlazan, se abrazan, giran y de las manos se toman.

Echan brazos a la espalda y hay una gran alegría.
El canto alternando sube y se rompe en el aire. Y va repitiendo el eco de sitio a sitio distante.
Y ese canto que se cantaba allí mismo lo estaba improvisando. Él lo urdía, él lo decía y todos de sus labios lo tomaban.
Ese canto comenzaba al ir oscureciendo y terminaba al toque de las flautas [9 p. m.].
Y cuando andaban bailando se atropellaban unos a otros y se metían zancadillas. Muchísimos de ellos caían al peñascal y al barranco; todos allí morían y al momento se convertían en piedras. Otros quedaban y pretendían pasar el barranco, pero el mago quebró el puente, aunque el puente era de piedra. Todos al agua cayeron y se convirtieron en piedras.
Cuando todo esto pasaba los toltecas no se daban cuenta de su mal y andaban como embriagados.
Muchas veces había esas sesiones de danza allá entre los peñascos y cada vez que las había otras tantas veces había muertos: se precipitaban en el abismo v caían en el roquedal y perecían los toltecas.

Los textos de 8 y 9 son de la documentación de Sahagún, y se hallan en el Ms. del Palacio de Madrid, f. 139 R *y 144* V. *Dio una versión Sahagún en el libro III de su* Historia.

10. LA TRANSGRESIÓN

Luego se fueron [los magos] al sitio en que se lavan las cebollas [Xonacapacoyan], y se hospedaron en casa de un labriego de nombre Maxtla: era el guardián del cerro de los toltecas.

Luego guisaron legumbres: tomates, chiles, mazorcas tiernas de maíz y vainas tiernas de frijol. Por unos días se hizo esto.

Y como allí había magueyes, le pidieron a Maxtla y por cuatro días prepararon el licor del maguey y lo estuvieron refinando. Ellos mismos habían descubierto unas ollitas de miel silvestre, y con ellas mezclaron el licor.

Ya van a la casa de Quetzalcóatl en Tula. Van llevando todo lo que tienen preparado: sus legumbres y sus chiles y lo demás. Llevan también el licor.

Llegaron, intentaron hablar con el rey, pero no lo consentían los custodios de Quetzalcóatl: no los dejaban entrar. Por dos y por tres veces los rechazaron: no les era permitido. Al fin les preguntaron en dónde su casa era. Ellos responden y dicen:

—Allá en el monte de los sacerdotes, allá en el cerro de los toltecas.

Oyó eso Quetzalcóatl y dijo al fin:

—¡Que entren!

Entraron, lo saludaron y le dieron las legumbres.

Cuando las hubo comido, luego le rogaron y le ofrecieron el licor del maguey.

Él dijo:

—No ciertamente: eso no lo beberé. Yo soy un hombre abstinente. Eso quizá es embriagante. Eso quizá es mortífero.

Ellos dijeron:

—Con el dedo al menos pruébalo. Es de fuerza, está reciente.

Quetzalcóatl lo probó con el dedo y le supo bien y dijo:

—Beberé, abuelo mío, beberé hasta tres veces.

Y los magos le dijeron:

—Aun cuatro las beberás.

Y le dieron hasta cinco. Dijeron luego al rey:

—Es tu ofrenda hacia los dioses.

Y cuando él hubo bebido, luego dieron a sus vasallos: a cada uno cinco medidas. Y las bebieron y quedaron totalmente embriagados.

Y luego los magos dijeron a Quetzalcóatl:

—¡Príncipe, canta por favor!

Aquí tienes este canto que tú debes entonar.

Y el mago Cinta de Plumas [Ihuimécatl], el canto le iba dictando:

"¡Esta mi casa de plumas, esta mi casa de plumas de verde quetzal,
esta casa de plumas negras y amarillas doradas de zacuan,
esta casa de roja concha:
yo las tengo que dejar! ¡Ay, ay, ay!"

Y cuando ya está en gran alegría, dijo:

—¡Vayan a traer a la Preciosa Estera [Quetzalpétlatl], mi hermana, junto con ella seguiremos bebiendo hasta la embriaguez!

Fueron sus lacayos al monte de Nonoalco [viejas habitaciones], donde ella estaba consagrada al culto de su dios. Le dijeron:

—¡Princesita, señora noble; Estera Preciosa, Penitente:
Hemos venido a llevarte: te llama el sacerdote Quetzalcóatl. Junto a él tienes que estar.

Y ella dijo:

—Está bien, venerable paje, vamos.

Y cuando hubo llegado, se sentó junto a Quetzalcóatl. Luego le dieron cuatro medidas y más la quinta de licor. Esa era la libación.

Y así los embriagaron Cinta de Plumas [Ihuimécatl] y el Tolteca.

Y ya están cantando a la hermana de Quetzalcóatl:

—¡Mi hermana, en dónde andas, tú, Estera Preciosa:

Vamos a beber! Ay, ay, ay.

Y cuando hubieron bebido, ya nada dijeron: Somos gente de abstinencia.

¡Ya no bajaron jamás al baño ritual en el río; ya no se punzaron con espinas; ya nada hicieron cuando despunta la aurora!

Y cuando amaneció el nuevo día, se sintieron llenos de amargura, se sintió amargado su corazón. Decía entonces Quetzalcóatl: ¡Ay desdichado de mí!

Y dominado por la tristeza en el interior hizo este canto y lo dijo al salir:

"Ya no se tome en cuenta mi suerte en mi mansión.

Aquí he de quedar. Y ¿cómo aquí?

Aquí, sí y aún yo cante, aunque mi cuerpo de tierra fue hecho.

¡Afán y dolor son mi herencia!

Nunca, ya, ¡nunca recobraré mi vida!"

Y cantó también este otro canto:

"Aquí me sustentaba mi madre, la de falda de serpientes; yo era su hijo, pero ahora ya no hago más que llorar."

Y cuando acabó él su canto, también sus vasallos llenos de tristeza se pusieron a cantar todos unidos este canto:

"¡Él nos había enriquecido en dulce prosperidad:

era él nuestro gobernante, el gran Quetzalcóatl!

¡Vuestras esmeraldas brillan. El madero rojo se rompió: y aquí estamos llorando!"

Y así que acabaron sus cantos los vasallos, les dijo Quetzalcóatl:

"¡Abuelos y siervos míos:

Voy a dejar la ciudad; voy a emprender mi camino.

Dad órdenes de que me labren una caja de piedra."

Y con toda presteza hicieron ellos la caja de piedra.

Cuando ella estuvo hecha, tendieron allí a Quetzalcóatl.

Y él estuvo cuatro días en aquel cofre de piedra.

Se recuperó en salud y se levantó al cuarto día.

Dijo entonces: —Mis abuelos, mis servidores: vayámonos.

Cerrad todo, esconded todo lo que habíamos descubierto:

¡era riqueza, era alegría, era todo nuestro bien y hacienda!

Eso los siervos hicieron. Todo lo ocultaron en donde era el baño de Quetzalcóatl. Sitio que se llama hoy Ribera del agua, sitio del musgo acuático [Atecpan, Amoxco].

Este fragmento es del Ms. de Cuauhtitlan en su primera parte en ff. 6 y 7. Es una de las notables piezas de la antigua producción. Para su publicación y versión, ver la nota sobre el Cod. de Cuauhtitlan.

11. HUIDA DE QUETZALCÓATL (A)

Ya se va ahora Quetzalcóatl. Se puso en pie y convocó a todos sus servidores. Se puso a llorar por ellos.

Ya se pusieron en marcha; van a conocer la tierra del negro y del rojo [Tlillan Tlapalan], el lugar donde se arde.

Él iba dirigiendo su mirada por todos lados, hacía por refrenarse, pero en ningún sitio hallaba nada que halagara su vista.

12. ID. (B)

Angustiado Quetzalcóatl se llena ya de congoja. Tiene el acuerdo de irse y dejar su ciudad de Tula. Resuelto a todo quedó.

Dicen que manda enterrar todo: su oro, sus conchas y todo lo que era riqueza de los toltecas. Todo lo bello, todo lo precioso, lo hizo enterrar en lugares escabrosos, o dentro de las montañas, o en los barrancos.

Y los árboles del cacao los convirtió en algarrobos, y a las diversas aves finas: pájaros de plumas rojas y amarillas, envió primero ante sí para que se dirigieran a las costas.

Y comenzó su camino. Llega a un punto junto a un árbol. Era altivo y corpulento. Se paró a su lado y dijo, al mirarse en su espejo:

— ¡Viejo soy ya!

De ahí se llama ese sitio Lugar del árbol viejo.

Y en seguida lanzó una piedra contra el árbol y esa piedra quedó incrustada, adherida a él. El árbol aún la conservaba: ha ido creciendo y en su cabeza casi tiene la piedra que lo hiende.

Y cuando andaba su camino Quetzalcóatl le iban tañendo flautas.

Y al fin llega a otro lugar y se sentó en una piedra y en ella apoyó sus manos. Y donde puso las manos quedó la huella, como si hubiera sido en lodo blando. Y lo mismo sus posaderas se quedaron bien impresas en la piedra en que se sentaba. Esos agujeros perduran y por eso el sitio se llama Donde están las marcas de mano.

El primer fragmento pertenece al Cod. de Cuauhtitlan en su primera parte. Está en la foja 7. El segundo es de la información de Sahagún y se halla en el Ms. del Palacio de Madrid, foja 148 v.

13. DESAPARICIÓN Y TRANSFORMACIÓN •

Y se cuenta que en el año 1-Caña llegó a la ribera del mar, a la playa del gran océano.

Se puso en pie allí y se echó a llorar. Tomó sus aderezos y se los fue revistiendo: su atavío de plumas de quetzal y su máscara de turquesas.

Ya se había aderezado, él mismo se prendió fuego. Y en llamas se abrasó . . .

Y es fama que cuando ardió y sus cenizas se alzaron, vinieron también a verlo y estuvieron contemplándolo todas las aves de hermoso plumaje que por los aires andan volando: la guacamaya de rojas plumas, y el azulejo y el tordo fino, el luciente pájaro blanco, y los loros y papagayos, los de amarillo plumaje y todas las aves finas.

Y cuando cesaron de arder las cenizas, a la altura se elevó el corazón de Quetzalcóatl. De allí ha tomado su nombre de Dueño de la Aurora.

Y se cuenta aun más: cuatro días dejó de ser visto, porque había bajado al reino de los muertos y en esa región adquirió dardos y al pasar los ocho días, vino a lucir como magna estrella. Y dicen que fue hasta entonces cuando comenzó a reinar.

En el Ms. de Cuauhtitlan, f. 7

14. LA MUERTE DE CÓPIL

Prosiguieron su camino y a Chapultepec llegaron.
Luego levantan el altar hecho de tierra. Y aun por veinte años rige a la tribu Tozcuecuech.
Y aun reinaba Tozcuecuech cuando llegó a él Cópil que habita en el Pedregal.
Por tres días le estuvo haciendo maleficios: intentaba acabar con él Cópil.
Pero lo vio Cuauhtliquezqui [el que representa al Águila] y lo había llamado el dios. Le dijo:
—¿Qué estás haciendo? ¡Van tres días que se os está atacando!
Cópil intenta arruinaros. Ve a llamar a Ténoch.
Fue a llamar a Ténoch. Dice: —¡Por favor, ven acá!
—¿Quién me llamó? ¡Dizque tres días!
—Sí, os quiere acabar Cópil. Pero además:
Vete; llega hasta Acuezcómac [donde el agua se hace giros].
Toma muchas teas tuyas y tu instrumento de encender fuego: en el camino tendrás que encenderlo acaso.
Yo por mi parte allá te alcanzaré. Ahora voy a visitar Cuajimalpa.
Y si ves que yo enciendo fuego, allá me vas a alcanzar.
Ya se marcha Cuauhtliquezqui y en la tierra se tendió.
Y entonces pasa Cópil. Él lo interrumpe de prisa:
—¿Quién eres tú? Dice el otro: ¿Yo? ¡Yo soy Cópil!

De tu misma raza soy; nosotros nos desbandamos y los demás se quedaron en Tzompanco.

Y además, yo vivo por mi cuenta. Y soy vigilante nocturno del rey de Colhuacan Acxocuauhtli [Águila de los abetos]. Y además tengo toda mi sustentación allá: es mi hija, vayamos por ella.

Fueron a traer a la muchacha y se metieron al bosque.

Junto a un árbol estaba en pie la joven de nombre Xicomoyahual, [la rodeada de abejas].

Entonces llama a su hija. Le dijo: —Hija, ven acá, acompaña a Cuauhtliquezqui, es tu tío.

Y dice luego a Cuauhtliquezqui: —Ve con mi hija, pero no te burles de ella.

Entonces para llevarla de su mano la tomó.

Pero luego mata a Cópil, la cabeza le cortó:

le arrancó la cabeza y le arrancó el corazón.

En un morral los puso y luego sepultó el cuerpo en un sitio que hoy se llama por eso El agua de Cópil [Acopilco].

Y cuando salió a la orilla del bosque, luego encendió fuego.

Cuando vio el fuego Ténoch hacia allá corrió.

—Mucho te has esforzado— le dijo.

Y el otro le respondió: —Allí tienes la cabeza de Cópil: ve a sepultarla en algún sitio.

Se fue Ténoch a sepultar la cabeza.

y Cuauhtliquezqui fue a sepultar el corazón de Cópil.

Lo fue a sepultar en medio de las cañas

en donde se yergue un nopal salvaje:

están sus pencas listadas de blanco,

porque allí es donde el Águila se para a excrementar.

El fragmento anterior pertenece al Ms. de 1528, llamado Anales de la Nación Mexicana, *el n. 22 en la Bibl. de París. Corresponde a la p. 12 de la edición de Mengin, Copenhaguen, 1945.*

15. LA HUIDA DE TÍMAL

Iba de paso Tímal, iba de conquistador.
Dos casas de rica pluma y dos tazones del águila
construyó y dejó enhiestas.
Y su dios se le dejó ver.
Veloz va por todas partes en plan de conquista:
y va siendo su muralla de defensa la lluvia y el viento.
Cuando llegó a la orilla del bosque
le dio órdenes el dios:
le dijo: —Fuimos amigos, basta; pero ya me voy.
Y entonces Tímal dijo: —¡Lució el sol, ha amanecido!
¡Hasta su casa he de ir; a su casa he de llegar...!
¡Y ahora ya no te veré!
El dios dijo: —¡Así es! pero no te aflijas ahora:
yo por mi mandato te envío al sitio de Chiquimola.
Entonces Tímal lloró; entonces alzó su canto:
Iba forjando su canto al tiempo que lo cantaba:
"¡Tímal soy, Tímal nací: yo del Águila soy hijo!
¡Soy reproducción del Viejo!
¡Soy serpiente de cascabel: mi padre es Mariposa Blanca!
¡Mariposa Blanca, el Sol!
Yo los he divinizado cuando estaba junto a él.
Ya me voy para Nonoalco, ya voy dando mis clamores.
Vengan ya los que conquistan.
Yo soy Tímal. Yo voy a conquistar tierras:
para que tengan águilas y tigres.
¡Aún tengo que mantener el Señorío Chichimeca!
Ya me voy para Nonoalco; ya voy dando mis clamores.
Vengan los que ya conquistan.
Tímal soy: conquisto tierras
para que tengan águilas y tigres.
¡Aún tengo que mantener el Señorío Chichimeca!"
Después fijó la mirada; se paró en la frontera:

estaba atisbando atento; se puso a ver con cuidado:
¡por allá se alzaba el humo!
Luego va siguiendo el borde del bosque y llegó a Chalco.
Allí luego los domina y hace un grande saqueo.
Luego ya se pone en marcha y llega hasta Cholula:
en son de guerra lo reciben cuando a esa ciudad llegó.
Allí cayó cautivo y allí perdió su gloria.
Y dejó cuanto tenía. En ese punto murió:
con él todos sus vasallos.

Este fragmento es del mismo documento anotado en el número anterior. Está en la pág. 12 de la ed. de Mengin.

16. LA HERMANA DE HUITZILIHUITL

Aún no ha muerto Huitzilihuitl.
Y enviaron mensajeros que fueran a preguntar:
¿Cómo dicen? ¿A su lado llegaron sus vasallos?
¡Ya se fueron pero aún quedaron!
Y allí se soltó gritando una mujercilla:
—"¿Por qué no hemos de morir?
¿Por qué con nosotros no llegan acá?
¡Que lo oigan los príncipes!
¿Por qué no hemos de morir?
Pidamos ya greda y plumas." [1]
Los príncipes lo oyeron y dijeron:
—Pregúntenlo a Huitzilihuitl:
¿Quiere también greda y plumas?
Prepararon ya las brasas, encendiendo con los palos de fuego.

[1] "Greda y plumas": *tizatl ihuitl,* son sinónimo de sacrificio, porque al sacrificado se le teñía el cuerpo de gis y se le ponían plumas blancas en la cabeza y los brazos y piernas. Símbolos ambos del sol y su luz.

Lo ofrecieron como oblación.
A los dos los tiñeron de greda,
y con los palos del fuego dispuso Tenochtli el horno.
Los sacrificó en el altar.
Allí habló la mujercita:
antes que la subieran se puso a gritar:
—"¡Colhuacanos, ya me voy
a la mansión donde el dios está:
mis cabellos y mis uñas todos
se han de convertir en hombres!"
Así gritaba también Huitzilihuitl.
Cuando estuvieron muertos limpiaron luego su sangre.

Este texto es del mismo documento que el anterior y se halla en la p. 13 de la mencionada edición.

17. EL CONQUISTADOR DE PAPEL

Ya se hace investigación entre los que habían tomado mujer en Colhuacan, siendo ellas de esa ciudad. Y les quitaron sus papeles pintados y a sus mujeres: con eso hicieron a Nuestro Padre.

Luego hicieron estas pinturas de papel, las tiñeron de verde. Se pusieron a discutir y dijeron:

—¿A dónde vamos? ¡Iremos nada más a combatir! Ya no somos muchos.

¡Acaso en alguna parte seamos despojados de lo nuestro!

¿Qué haremos? Vamos a juntar estos papeles de los de Colhuacan que han venido trayendo; vamos a reunirlos todos.

Juntaron todos los papeles y los embadurnaron con semilla de bledos molida y amasada, con que hicieron grande bulto de aquellos papeles. Con esa masa los apelmazaron y de eso mismo hicieron su cabeza.

Entonces lo presentaron nuevamente:
Se ponen a hacer su baile cantando y azotando los remos. Se le compuso su canto:
"Desde el lado de Casa Blanca [Iztacalco],
fue nacido nuestro Conquistador de Papel.
¡Así en una noche allí!
¡Sea abrevado en la llanura,
sea abrevado nuestro Conquistador de Papel!"
La transformación de La Mujer Madre [Nanocihuatzin],
la señora de los hombres.
¡Sea abrevado en la llanura,
sea abrevado nuestro Conquistador de Papel!"
Los de Coyohuacan, los de Colhuacan vienen a oírlos: mucho entre ellos se extendía el canto.
Luego se habla ya de guerra:
— Tepanecas, vamos a escoger entre estos... ¿Qué son tantos los mexicanos? ¡Están engañados si intentan guerra!
Vienen ya hacia ellos: estaban cantando a su Conquistador de Papel. Lo ven los de Coyohuacan: es una deidad maligna.
Pero los mexicanos comenzaron a dar alaridos y se ponen a combatir, van llenos de ardiente ira. Y de los de Coyohuacan todos allí murieron: aun las mujeres de los mexicanos cada una hizo su cautivo.
Y se hacen allí sacrificios ante el Conquistador de Papel.

Este texto es del mismo documento, en la p. 16 y 17 de la edición mencionada. Es una primera fiesta del Cerro o del Conquistador, como se describe en el Lib. II de Sahagún. El muñeco de papel es representación del dios solar, que es también dios de la guerra. La Mujer madre — Nanocihuatzin —, es la comparte de la unidad cósmica, con el sol. Es la que se transforma de muchos modos, como nos dice Torquemada.

Este poema lo di a luz en Veinte Himnos Sacros de los Nahuas, vid. *pp. 250 y 138 y ss. Uno de los más antiguos testimonios de la poesía náhuatl, ya que el Ms. se redactó en 1528, como se dijo.*

18. EL ASEDIO DE CHAPULTEPEC

Cómo fueron derrotados los mexicanos en Chapultepec, así con su canto recuerdan: cuando lo cantan, cuando dicen, lloran y se entristecen y en esta forma hacen memoria:

En el borde de la tierra en nosotros se dio una muestra:
Sobre nosotros se rasgó el cielo; sobre nosotros bajó el dador de vida.
En Chapultepec fue pedestal del dios.
Su represalia fue hecha en nosotros
en ese año que signaba 1-Conejo.
Se eleva el llanto: fueron cautivos los mexicanos.
En Chapultepec fue pedestal del dios.
¡Ay, ya no dicen los mexicanos!
—¿Dónde su raíz está? ¡Allá en el cielo impera el dador de vida! ¡Llorad, llorad... ! ¿Dónde irá a perderse el pueblo?
¿Qué es lo que nos deja? ¿Cuál es su sostén?
Ya llorando está el sacerdote Axolohua
allí donde el agua es blanca como gis:
su corazón llora... ¿Dónde irá a perderse el pueblo?
Con escudos tornadizos perecimos en Chapultepec:
pero ahora soy mexicano:
ya lo experimenta el Acolhua,
ya lo experimenta el Tepaneca.
Por los cuatro rumbos fueron llevados los mexicanos: iba llorando su suerte el jefe de la armería, Huitzi-

lihuitl: ¡en su mano le han colocado una bandera de sacrificio allá en Colhuacan!
Ya de la mano enemiga salieron los viejos mexicanos:
¡se fueron por el agua; de musgo iban vestidos;
por los recovecos del agua, donde las cañas rumoran:
llevando van a cuestas su destino!
Pero vieron sus escudos de turquesas,
sus banderolas de pluma de quetzal.
¡Ay, los escudos se volvieron atrás en Tepantoco,
y queda allá Colhuacan desolado!
Cuando nos pusimos en movimiento era un llanto general:
¡quedaba la mitad de los mexicanos!
Allí donde resuenan los cascabeles,
allí donde se teje la batalla,
van a moverse los mexicanos,
en Tizapan y en Colhuacan:
pasan sobre sus escudos; pasan sobre sus dardos
los ancianos mexicanos allá en medio de las cañas.
Ahora ya dice a voces:
—Soy mexicano, soy Ocelopan:
¡dichosos los que hacen méritos
ante los reyes Acolnahuácatl y Tezozomoctli...
¿Pero puede ser acaso recta y sincera alguna vez
la palabra de los reyes de Azcapotzalco?
¡Ojalá que alguna vez, sobrinos míos,
allá vaya al Reino de la Muerte el tepaneca Acacitli!:
por vosotros tendrá principio la guerra;
por nosotros se pondrá en movimiento la batalla.
¡Ay, ah... quién sabe si sólo un poco
ha de mantenerse en pie Azcapotzalco!
En esta forma rememoran su angustia los mexicanos cuando se puso a regir Cuacuauhtzin y conquistó a Chimalhuacan.
Y también levantaron este canto:

Furiosos se pusieron los Acolhuas
cuando vinieron a ver a Chicoloapan:
con la fuerza del sol sus escudos iban reverberando:
¡Y con ellos es destruido el niño que está en la cuna!
Ya quedó abandonado... ¿acaso va a gobernarlo
Tezozomoctli, o Cuacuauhpitzáhuac...?
— ¿A dónde vais... etcétera.

El poema queda sin terminar, por voluntad del redactor, o porque ya no recordaba el canto. Lo indica su etc. que pone. Está en el mismo Ms. de 1528 en pp. 20 y 21, de la ed. de Mengin.

19. EL ÁGUILA EN EL NOPAL

Cuaucóhuatl y Axolohua fueron pasando y miraron mil maravillas allí entre las cañas y las juncias.

Ese había sido el mandato que les dio Huitzilopochtli a ellos que eran sus guardianes, eran sus padres los dichos.

Lo que les dijo fue así: — "En donde se tienda la tierra entre cañas y entre juncias, allí se pondrá en pie, y reinará Huitzilopochtli."

Así por su propia boca les habló y esta orden les dio.

Y ellos al momento vieron: sauces blancos, allí enhiestos; cañas blancas, juncias blancas, y aun las ranas blancas, peces blancos, culebras blancas: es lo que anda por las aguas.

Y vieron después donde se parten las rocas sobrepuestas, una cueva: cuatro rocas la cerraban. Una al oriente se ve, nada de agua tiene, es sin agua que se agita.

La segunda roca de la cueva ve al norte: se ve que está sobrepuesta, y de ella sale el agua que se llama agua azul, agua verdosa.

Cuando esto vieron los viejos, se pusieron a llorar.
Y decían: —¿Conque aquí ha de ser?
Es que estaban viendo lo que les había dicho, lo que les había ordenado Huitzilopochtli.
Es que él les había dicho:
—"Habéis de ver maravillas muchas entre cañas y entre juncias."
¡Ahora las estamos mirando —decían ellos—, y quedamos admirados!
¡Cuán verdadero fue el dicho, bien se realizó su orden!
Van a buscar a los mexicanos y les dicen:
—"Mexicanos, vamos, vamos a admirar lo que hemos contemplado. Digamos al Sacerdote: él dirá qué debemos hacer."
Fueron a Temazcatitlan y allí se detuvieron. Por la noche vinieron a ver, vinieron a mostrarse unos a otros y era el sacerdote Cuauhtlaquezqui, que es el mismo Huitzilopochtli.
Dijo él: —Cuauhcóhuatl, ¿habéis visto allí todo
lo que hay entre cañas y juncias? ¡Aún resta ver otra cosa!
No la habéis visto todavía.
Id y ved un nopal salvaje: y allí tranquila veréis
un Águila que está enhiesta. Allí come, allí se peina las plumas,
y con eso quedará contento vuestro corazón:
¡allí está el corazón de Cópil que tú fuiste a arrojar
allá donde el agua hace giros y más giros!
Pero allí donde vino a caer, y habéis visto entre los peñascos, en aquella cueva entre cañas y juncias,
¡del corazón de Cópil ha brotado ese nopal salvaje!
¡Y allí estaremos y allí reinaremos:
allí esperaremos y daremos el encuentro a toda clase de gentes!

¡Nuestros pechos, nuestra cabeza, nuestras flechas, nuestros escudos,
allí les haremos ver: a todos los que nos rodean allí los conquistaremos! ¡Aquí estará perdurable nuestra ciudad de Tenochtitlan!
¡El sitio donde el Águila grazna, en donde abre las alas;
el sitio donde ella come y en donde vuelan los peces,
donde las serpientes van haciendo ruedos y silban!
¡Ese será México Tenochtitlan y muchas cosas han de suceder!"
Dijo entonces Cuauhcóhuatl: —¡Muy bien está, mi señor sacerdote:
¡Lo concedió tu corazón: vamos a hacer que lo oigan mis padres los ancianos todos juntos!
Y luego hizo reunir a los ancianos todos Cuauhcóhuatl y les dio a conocer las palabras de Huitzilopochtli.
Las oyeron los mexicanos. Y de nuevo van allá entre cañas y entre juncias, a la orilla de la cueva.
Llegaron al sitio donde se levanta el nopal salvaje
allí al borde de la cueva, y vieron tranquila
parada el Águila en el nopal salvaje:
allí come, allí devora y echa a la cueva los restos de lo que come.
Y cuando el Águila vio a los mexicanos, se inclinó profundamente.
Y el Águila veía desde lejos.
Su nido y su asiento era todo él de cuantas finas plumas hay: plumas de azulejos, plumas de aves rojas y plumas de quetzal.
Y vieron también allí cabezas de aves preciosas
y patas de aves y huesos de aves finas tendidos por tierra.
Les habló el dios y así les dijo:
—¡Ah, mexicanos: aquí sí será! ¡México es aquí!
Y aunque no veían quién les hablaba, se pusieron a llorar
y decían: —¡Felices nosotros, dichosos al fin:

hemos visto ya dónde ha de ser nuestra ciudad!
¡Vamos y vengamos a reposar aquí!

Texto de la Crónica Mexicayotl, *que redactó Fernando de Alvarado Tezozómoc hacia 1600 fundado en documentos muy antiguos de la casa real de México, de que era deudo. Fue dada a luz con versión en 1945. Es el fondo de muchos mitos que repiten otros autores. El texto es muy antiguo.*

20. LOS TOLTECAS EMIGRANTES

Olmecas y Xicalancas se mofaban de los toltecas:
echaban sobre sus caras aguas de lavazas de maíz; les rayaban las piernas con cañas bien afiladas; saeteaban en sus espaldas que quedaban con cardenales.
Grave era su labor: acarreo de agua, y de leña. Y todo con tiranía, sin ningunos miramientos.
Burla de los habitantes eran los pobres toltecas.
Se juntaron por la noche los cuatro caudillos mayores —Icixicóhuatl, Quetzaltehueyac, Tezcahuítzil y Tolohuítzil— y se comunican sus penas y se conduelen unos a otros.
Ya reunidos en junta general los toltecas dijeron:
—¿Qué clase de hombres somos? ¿A dónde vamos a ir?
¿Así se hace con nosotros? ¿Así nos quieren destruir?
Es la vida que llevamos hace dos años, tres años.
¿Así nos hacen vivir? ¿Qué nos está reservado?
¿Después de esto qué vendrá?
¡Nuestro hacedor lo ha querido, nuestro creador nos acabará!
Tened ánimo: respeto a todos y con brío y esfuerzo sufrid.
Entre tanto los toltecas se ponen a compadecerse unos a otros.

Y apareció Tezcatlipoca y de esta manera dijo:
— ¿Qué has dicho tú Icxicóhuatl; qué dijiste, Quetzaltehueyac?
¿A dónde tendréis que ir? ¿Por qué tanto os afligís?
Bien sabido lo tengo: de quien hacen burla es de mí.
Oíd ahora: Aquí será nuestra casa: nosotros los echaremos fuera.
Vamos a arrojarlos a empellones, porque se truecan en enemigos.
No decaiga vuestro ánimo: ya estamos en nuestra ciudad.
Bien sabido me lo tengo: ¿No valgo yo por dos, no valgo por tres?
¡Tenemos que dominar a Olmecas y Xicalancas!
Ved cómo va a comenzar la guerra en la que han de perecer: cantaremos, bailaremos, les diremos el canto de las banderas.
Se puso a cantar Tezcatlipoca: *
Cuando acabó de cantar de esta manera les dijo:
— Oídlo bien: ése será vuestro canto. ¿Qué pensáis? No desmayéis.
Nada toméis de lo bueno de Olmecas y Xicalancas:
sólo sus insignias viejas; sus palos con punta de obsidiana,
sus escudos, todo viejo. Y entre ellos entremeteos:
con gozo oirán vuestro canto y al son de él han de bailar
Olmecas y Xicalancas. ¿Qué pensáis?
Ya van Icxicóhuatl y Quetzaltehueyac
ante el Jefe de las Tierras y el Jefe de Cazadores,
y les ruegan con instancia: — Oh señores, no venimos
a molestar vuestros rostros y tampoco vuestros corazones.
Escuchad el llanto y lloro de estos pobres vuestros siervos que viven juntando hierbas para comer y acarrean la leña para vuestro hogar. No venga sobre ellos vuestra ira y vuestro enojo.

* Queda el hueco en el Ms. para el poema, pero éste no se puso.

Escuchad su llanto y lloro. Vienen a daros placer:
han compuesto un cantarcillo con que os recrearán el ánimo
y al son de él han de bailar. ¿Se nos permite hacerlo?
¿Qué dispone vuestro corazón? ¡Haced este don a vuestros siervos!
Oyeron el Jefe de las Tierras, que es Tezacozque
y el Jefe de Cazadores, el llamado Amapane.
Dicen: — Bien habéis pensado. Muy hermoso, bien oirán
los Jefes en la asamblea. Vamos a reunir la junta.
No temáis: hemos oído vuestro lloro y vuestro llanto.
Entonces a los hogares entraron los toltecas
a servir de algo en el pueblo.
— Nadie de estos nuestros siervos haga mofa:
van a hacer ellos una fiesta con que diviertan al pueblo.
Pero, vosotros, ¿tenéis algo con que aderezaros?
Y aquellos dos respondieron: ¡Oh, Jefe, nada tenemos!
Será acaso afrentoso para vosotros, que habréis de salir al baile juntamente con nosotros. ¿Cómo puede ser así?
¡No te irrites, señor mío: que lo sepan tus toltecas!
— Bien dicho; que así sea; hemos de hallaros equipos:
los Jefes de la asamblea os darán con que ataviaros.
— No, señor: ¿cómo en tal fiesta van a prestar sus equipos?
Y acaso los deterioraremos nosotros. Somos tan insensatos
nosotros tus siervos los toltecas.
— Vaya pues. Sois industriosos: cuatro días ha que estáis ensayando.
Vamos, empezad el canto.
— Un gran don nos habéis hecho.
Van los dos a ver al pueblo de los toltecas errantes.
Hacen junta, se reúnen. Y así que estaban reunidos,
de esta manera les hablan los cuatro caudillos

y el sacerdote Cohuenan. De esta manera les dicen:
—Toltecas, ¿no ha oído acaso vuestro creador, vuestro padre el llanto que habéis alzado?

. . . .

Ya van de casa en casa solicitando equipos,
y decían en cada casa: —Os rogamos dar en préstamo
viejos equipos de insignias, viejas lanzas, viejas rodelas.
No las de uso, no las buenas: ¡acaso las destruyéramos!
Y todos les respondían: ¿Qué intentáis hacer con ellas?
¿En dónde las queréis?
—Vamos a bailar un baile ante todos los señores
en sus casas y en el pueblo.
—Y, ¿por qué no los equipos que se hallan en buen estado?
—¡No, esos no: los que arrojaron allá por los rincones,
donde se echa la ceniza, esos, los equipos viejos:
nosotros los arreglamos y con ellos a los Jefes daremos gozo y placer.
—Bah, recogedlos. Están por todos lados arrojados.
Escudos viejos, lanzas viejas, insignias viejas;
alzadlos, ya que nada queréis bueno.
Van los toltecas buscando por todas partes las cosas,
van recogiendo deshechos. Todo era ya muy gastado.
Armaduras de algodón, arcos viejos, viejas flechas.
Viejas rodelas y lanzas, y con todo se aprovisionan.
Y cuando todo han alzado se fueron ante los Jefes
y allí los van arreglando. Los repintaron de rojo,
los repintaron de azul y las armaduras de algodón
con afán las recosieron.
Ésta fue la grande obra con que tanto se fatigaron
los industriosos toltecas, y con un canto ganaron.

Este texto es de la Historia Tolteca Chichimeca, *Ms. de 1542, de la región del Edo. de Puebla de nuestros días. Parece incompleto y en el fragmento he suprimido una larga parte en que solamente hay repetición de lo dicho arriba, como es común en los poemas de epopeya. Se halla en las pp. 21-32 de la edición de Mengin, Copenhagen, 1942.*

21. POEMA DE LA CONQUISTA

Con suerte lamentosa nos vimos angustiados.
En los caminos yacen dardos rotos;
los cabellos están esparcidos.
Destechadas están las casas,
enrojecidos tienen sus muros.
Gusanos pululan por calles y plazas,
y están las paredes manchadas de sesos.
Rojas están las aguas, cual si las hubieran teñido,
y si las bebíamos, eran agua de salitre.
Golpeábamos los muros de adobe en nuestra ansiedad
y nos quedaba por herencia una red de agujeros.
En los escudos estuvo nuestro resguardo,
pero los escudos no detienen la desolación.
Hemos comido panes de colorín [*Eritrina sp.*],
hemos masticado grama salitrosa,
pedazos de adobe, lagartijas, ratones
y tierra hecha polvo y aun los gusanos . . .

Del Ms. de 1528, ed. de Mengin, p. 33. El poema está incompleto, pero es de los más emotivos que dio el México antiguo.

III. POEMAS LÍRICOS

Doy en esta Sección poemas de carácter efusivo y emocional, tanto de personas, como de la comunidad. Primeramente va una serie de poemas breves. Más adelante se insertan algunos más largos. La técnica general es la misma: dos estrofas terminadas con estribillo y, aunque enlazadas con las siguientes, con su unidad propia. Al calce de cada poema se pone la fuente de donde se toma. Los títulos son del traductor.

A) *POEMAS BREVES*

22. LA AMISTAD

Cual pluma de quetzal, fragante flor,
la amistad se estremece:
como plumas de garza, en galas se entreteje.
Una ave que rumora cual cascabel es nuestro canto:
¡qué hermoso lo entonáis!
Aquí, entre flores que nos forman valla,
entre ramas floridas los estáis cantando.

Cant. Mex., *f. 10, lin. 10 ss. Es de Tecayehuatzin.*

23. EL CANTO DEL POETA

Oí un canto por allí: y ando en plena primavera
viendo las luces del año.
Ya con la aurora conversan
el ave de azul plumaje, y el pájaro de las mieses,
y el ave roja del sol:
¡Es el príncipe Monencauhtzin!

Cant. Mex., *f. 11.* R., *lin 14 ss. De Tecayehuatzin.*

24. A XAYACAMACHAN

— ¿Quién está en solio florido?
¡Buena casa tienes hecha de musgo acuático!
Canta y sus trinos da el rey Xayacamachan:
le embriaga la vida la flor del cacao.
Bello, bello es el canto que con estruendo eleva:
ese rumor es porque alza Tlapalteuctzin su canto:
bien deleitosas son sus flores: perfuman y embelesan.
Las flores se estremecen: es la flor del cacao.

Cant. Mex., *f. 11* v., *lin. 7 ss. De Tecayehuatzin.*

25. GOZO EFÍMERO

¡Démonos gusto, amigos míos:
vengan aquí los abrazos!
En tierra florida andamos andando
y no hay quien pueda ponerle fin.
La flor y el canto se tienden
allá en la Casa del Sol.
Sólo por breve tiempo en la tierra vivimos:
No será así siempre: espera la región del Misterio...
¿Hay allí alegría? ¿Hay allí amistad?
¡Ah no, que sólo en la tierra
vinimos a conocernos!

Cant. Mex., *f. 10* R. *y* V., *lin. 72 ss. De Tecayehuatzin.*

26. INVITACIÓN A AMIGOS

¡Oh vosotros, amigos, los que estáis entre flores
de cacao de color de aves azules:
venid a levantar el rico surco!
¡Que yo vea a los que ríen
y conversan al son de floridos tambores!
O acaso a los príncipes
que percuten y agitan el tamboril enflorado de color,
en medio de las flores!

Cant. Mex., *f. 11* R., *lin. 18 ss. De Monencauhtzin, príncipe de la región de Huexotzinco, por el año 1500.*

27. VIDA ÚNICA

¡Alégrate en extremo, oh rey Tecayehuatzin,
valuador de joyeles florecientes!
¿Acaso una vez más vendremos a vivir?
Tu corazón lo sabe así:
¡Sólo una vez venimos a la vida!

Cant. Mex., *f. 11* v., *lin. 30 ss. De Xayacamachan, rey de Huexotzinco, por el 1510.*

28. EL COLIBRÍ FLORIDO

He llegado hasta acá,
a las ramas del Árbol Floreciente
yo el Colibrí florido:
deleito mi nariz y me siento gozoso;
sabrosos y dulces son mis labios.

Cant. Mex., *f. 12* R., *lin. 1 ss.*

29. RUEGO EN FLORES

¡Oh tú por quien todo vive!: alzamos a ti el ruego:
ante ti nos rendimos para complacerte,
junto a los floridos tambores,
Señor del palacio de las aguas:
¡Se reponen ya los tambores,
se guardan en la casa de las flores!
¡Ya te dan culto tus amigos,
Yaomantzin, Micohuaṭzin, Ayocuauhtzin:
ya con flores a ti suspiran los príncipes!

Cant. Mex., *f. 12, lin. 3 ss.*

30. SUEÑO DE PALABRAS

¡Amigos, favor de oír
este sueño de palabras!:
En tiempo de primavera nos da vida
el áureo brote de la mazorca;
nos da refrigerio la roja mazorca tierna,
pero es un collar rico el que sepamos
que nos es fiel el corazón de nuestros amigos.

Cant. Mex., *f. 12, lin. 22 ss. Probablemente de Tecayehuatzin.*

31. EL ÁRBOL FECUNDO DE TAMOANCHAN

Árbol Florido se yergue en Tamoanchan:
allí fuimos creados, allí nos dio ser
allí enlazó el hilo de nuestra vida
aquel por quien todas las cosas viven.
Del mismo modo yo forjo el oro,
del mismo modo yo pulo el jade:
es mi hermoso canto.
Es cual si fuera una turquesa.
Como cuatro veces nos hizo girar
allá en Tamoanchan
aquel por quien todas las cosas viven.

Cant. Mex., *f. 15* R., *lin. 1 ss. Anónimo de Huexotxinco.*

32. EL AVE ROJA DE LA DIOSA

El ave roja de Xochiquetzal
se deleita, se deleita sobre las flores.
Bebe la miel en diversas flores:
se deleita, se deleita sobre las flores.

Cant. Mex., *f. 61* R., *lin. 17 ss. También se halla en los* Romances de los señores de la Nueva España, *con leves variantes. Del centro del Valle de México.*

33. LA FLOR Y EL CANTO

Brotan las flores, están frescas, medran,
abren su corola.
De tu interior salen las flores del canto:
tú, oh poeta, las derramas sobre los demás.

Cant. Mex., *f. 33* v., *lin. 19 s. Anónimo de Chalco.*

34. ETERNA VIDA DE POESÍA

Cual un canto habéis vivido,
cual una flor habéis brotado,
oh príncipes.
Yo soy Tochihuitzin que teje la grama:
¡aquí va el sartal de mis flores!

Cant. Mex., *f. 15* R., *lin. 17 s. Poema de Tochihuitzin, señor de Mexicaltzinco, entre 1510-1520.*

35. LA VIDA PASA...

¡Oh flores que portamos,
oh cantos que llevamos,
nos vamos al Reino del Misterio!
¡Al menos por un día
estemos juntos, amigos míos!
¡Debemos dejar nuestras flores,
tenemos que dejar nuestros cantos:
y con todo la tierra seguirá permanente!
¡Amigos míos, gocemos: gocémonos, amigos!

Cant. Mex., *f. 35* v., *lin. 16 ss. Anónimo de Chalco.*

36. ENIGMA DE VIVIR

No es verdad que vivimos,
no es verdad que duramos
en la tierra.
¡Yo tengo que dejar las bellas flores,
tengo que ir en busca del sitio del misterio!
Pero por breve tiempo,
hagamos nuestros los hermosos cantos.

Cant. Mex., *f. 35, lin. 10 ss. Anónimo de Chalco.*

37. FLORES NUEVAS

¡Llegaron las flores!
¡A revestirse de ellas, oh príncipes,
a adquirir su riqueza!
Fugaces en extremo nos muestran su rostro,
fugaces reverberan.
Sólo en tiempo de verdor llegan a ser perfectas.
¡Las amarillas flores de mil pétalos!
¡Llegaron las flores junto a la montaña!

Cant. Mex., *f. 14, lin. 9 ss. Anónimo de Huexotzinco.*

38. ETERNO SACRIFICIO

Cual nenúfar al viento gira el escudo,
cual humo el polvo sube,
el silbo de las manos repercute,
aquí en México Tenochtitlan.
Es la casa de los escudos,
es la casa de las batallas:
se extiende el estrado del Águila,
es el sitio del solio del Tigre:
ellos llevan el peso de la guerra.
Se toca la flauta para el combate:
son las flores del Escudo que resplandece [el sol],
¡Nunca, nunca por cierto ha de acabar!

Cant. Mex., *f. 21* R., *lin. 6 ss. Anónimo de Tenochtitlan.*

39. ENDECHA FÚNEBRE

¡Enajenado quedé: se embriagó mi corazón!
La aurora se pone en pie,
gorjea el áureo pechirrojo
sobre muralla de escudos,
sobre muralla de dardos.
¡Sé dichoso, Tlacahuepan,
tú mi vecino Cuaxómotl,
Cuaxómotl el de Cuechtlan!

¡Allá con divinas flores
él embriagado quedó,
allá en la ribera de las aves...

. . . .

¡Sé dichoso, Tlacahuepan,
tú mi vecino Cuaxómotl,
Cuaxómotl el de Cuechtlan!

Cant. Mex., *f.* 55 v., *lin. 9 ss. Está mutilado, pero mantiene bella contextura. De Tenochtitlan, con ocasión de la muerte del príncipe Tlacahuepan por el 1493-98. Anónimo.*

40. LA VIDA PÓSTUMA

Áurea mariposa ya libando está:
la flor que se ha abierto es mi corazón,
oh amigos míos, es una flor fragante,
ya la esparzo en lluvia.

Cant. Mex., *f. 67* v., *lin. 28 ss. De Tenochtitlan, con la misma ocasión que el anterior.*

41. MUERTE FATAL

¿A dónde iremos que muerte no haya?
Por eso llora mi corazón.
¡Tened esfuerzo: nadie va a vivir aquí!
Aun los príncipes son llevados a la muerte:
así desolado está mi corazón.
¡Tened esfuerzo: nadie va a vivir aquí!

Cant. Mex., *f. 70* R., *lin. 27 ss. De Tenochtitlan, con la misma ocasión.*

42. LA VIDA ES SUEÑO

Sólo venimos a domir,
sólo venimos a soñar:
¡No es verdad, no es verdad
que venimos a vivir en la tierra!
Como hierba en cada primavera
nos vamos convirtiendo:
está reverdecido, echa sus brotes,
nuestro corazón.
Algunas flores produce nuestro cuerpo
y por allá queda marchito.

Cant. Mex., *f. 14* v., *lin. 3 ss. De Tenochtitlan, ver la nota al núm. 35.*

43. BELLEZA DEL CANTO

Llovieron esmeraldas;
ya nacieron las flores:
Es tu canto.
Cuando tú lo elevas en México,
el sol está alumbrando.

Cant. Mex., *f. 22, lin. 25 ss. Probablemente de Motecuhzoma II, principios del s.* XVI.

44. ¿QUÉ ES LA POESÍA?

¡Lo he comprendido al fin:
oigo un canto; veo una flor:
oh, que jamás se marchiten!

Romances de los Señores de la Nueva España, *Ms. de 1585, f. 19* v. *Probablemente de Nezahualcóyotl, 1450.*

45. SED DE INMORTALIDAD

Me siento fuera de sentido,
lloro, me aflijo y pienso,
digo y recuerdo:
Oh, si nunca yo muriera,
si nunca desapareciera...
¡Vaya yo donde no hay muerte,
donde se alcanza victoria!
Oh, si nunca yo muriera,
si nunca desapareciera...

Cant. Mex. *f. 17* v. *De Nezahualcóyotl, c. 1459.*

46. DOLOR DEL CANTO

Oye un canto mi corazón:
me pongo a llorar; me lleno de dolor.
¡Nos vamos entre flores:
tenemos que dejar esta tierra:
estamos prestados unos a otros:
iremos a la Casa del Sol!
¡Póngame yo un collar de variadas flores:
en mis manos estén;
florezcan en mis guirnaldas!
¡Tenemos que dejar esta tierra:
estamos prestados unos a otros:
nos vamos a la Casa del Sol!

Romances de los Señores de la Nueva España, *f. 27 v. De Nezahualcóyotl y del mismo tiempo.*

47. CANTO PRIMAVERAL

Sobre las flores canta el hermoso faisán:
ya sus cantos desata el Dueño del mundo.
Y sólo le responden sus propias aves.
Son las aves rojas bellas que cantan.
Un libro de pinturas es tu corazón:
viniste a cantar, oh poeta, y tañes tu atabal.
Es que en la primavera deleitas a los hombres.

Romances de los Señores de la Nueva España, *f. 38 v. De Nezahualcóyotl, por el mismo tiempo.*

48. MI POEMA

Yo perforo esmeraldas:
yo oro estoy fundiendo:
¡Es mi canto!
En hilo ensarto ricas esmeraldas:
¡Es mi canto!

Cant. Mex., *f. 23* R. *Del Totoquihuatzin, rey de Tlacopan, al principiar el siglo* XVI.

49. EL AVE Y LA MARIPOSA

¿Qué es lo que dice el ave roja del dios?
Es cual un repicar de sonidos: anda chupando miel.
¡Que se deleite: ya se abre su corazón:
es una flor!
Ya viene, ya viene la mariposa:
viene, viene volando; viene abriendo sus alas:
Sobre las flores anda chupando miel.
¡Que se deleite: ya se abre su corazón:
es una flor!

Cant. Mex., *f. 17* v. *De Tenochtitlan. Anónimo.*

50. VIDA FALAZ

¿Es verdad, es verdad que se vive en la tierra?
¡No para siempre aquí: un momento en la tierra!
Si es jade, se hace astillas,
si es oro, se destruye;
si es un plumaje de quetzal, se rasga.
¡No para siempre aquí: un momento en la tierra!

Cant. Mex., *f. 17* R. *De Nezahualcóyotl. La misma época.*

B) *POEMAS MÁS LARGOS*

Hay algunos poemas que tienen un desarrollo más amplio. Incluyo algunos de los más fáciles de comprender sin muchas notas.

51. EN PLENA PRIMAVERA

Brotaron, brotaron flores:
abiertas se yerguen delante del sol.
Ya te responde el ave del dios:
tú en su busca vienes:
"Cuantos son tus cantos,
tanta es tu riqueza:
tú a todos deleitas,
cual trepidante flor."
Por todas partes ando,
por todas partes grito,
yo el cantor.

Bellas olientes flores
se están esparciendo
en el patio florido, entre las mariposas.
Vienen todas ellas de la región del misterio,
en donde está erguida la Flor.
Flores son que a los hombres hacen perder el juicio,
flores que al corazón totalmente trastornan.
Vienen a entretejerse, vienen a derramarse
en tejido de flores, de narcóticas flores.

Cant. Mex., *f. 11* v., *lin. 29 ss. De Monencauhtzin, de Huexotzinco.*

52. POETA MÍNIMO

Amigos míos, a vosotros busco:
he ido recorriendo todas las sementeras,
¡Ah, ya estáis aquí!
¡Alegraos, discurrid unos con otros,
he llegado yo, oh amigos, yo que soy vuestro amigo!
¿Y yo entre las flores vengo a introducirme?
¿Yo flor de cadillo, yo flor de muicle?
¿Yo puedo venir? ¿Yo ser invitado?
Soy un miserable: me vivo volando,
¿quién puedo yo ser?
Cierto: algo compongo: son cantos de flores,
son mariposas de cantos.
Muéstrese mi sentimiento; mi corazón sepa.
Llegué junto a otros: he bajado ya,
¡yo soy ave roja de la primavera,
ya me poso en tierra, despliego mis alas,
y allí junto a los atabales
se eleva mi canto y va por el mundo.

Cant. Mex., *f. 11* v., *lin. 13 ss. De Xayacamachan, rey de Huexotzinco, en las primeras décadas del siglo* XVI. *Las plantas con que se compara son el cadillo,* Triumpheta speciosa, *y* T. lappula, *el llamado muicle, que es medicinal y tintorera, pero al parecer sin valor alguno.*

53. ENIGMA DEL MÁS ALLÁ

¿Qué es lo que piensas?
¿Qué es lo que meditas, amigo mío?
¿Es que no te place tomar el canto?
¿Es que no deseas las flores del que da la vida?
¡Goza al lado del atabal

y aléjate cuando gustes!
Mariposa florida entre los hombres pasa:
¡liba la miel de nuestras flores!
Con nuestras flores, con nuestros abanicos,
con nuestras pipas de tabaco se entrelaza
y se detiene allí a gozar al lado del atabal.
¿Dónde iré, dónde iré?
¡Allá donde está la Dualidad!
¿No es que nos vamos todos al reino de los descarnados?
¡Con todo, aquí en la tierra es el lugar de la unión!
¡Todos nos vamos, todos nos vamos
a la Casa del Sol:
nadie por largo tiempo en la tierra perdura
y nadie dice, al fin: ¿Dónde están mis amigos?

Cant. Mex., *f. 35,* v., *lin. 21 ss. De Chalco, poeta anónimo.*

54. LA VIDA PASA: HAY QUE VIVIR

No por segunda venimos a la tierra,
príncipes chichimecas.
Gocémonos y tráiganse las flores.
¡Al Reino de la Muerte!... sólo estamos de paso:
¡de verdad, de verdad nos vamos!
¡Verdad es que nos vamos!
Verdad es que dejamos las flores y los cantos,
y la tierra... ¡Sí de verdad, de verdad nos vamos!
¿A dónde vamos? ¿A dónde vamos?
¿Estamos allá muertos o aún tenemos vida?
¿Hay un sitio en que dura la existencia?
¡En la tierra tan sólo
es el bello cantar, la flor hermosa:
es la riqueza nuestra, es nuestro adorno:
gocémonos con ella!
Príncipes chichimecas: gozad,

allá donde nos vamos es la Casa del rey de los muertos,
del dios que lanza luces y envuelve en sombras [Popocatzin],
es el sitio a que regresan nuestros abuelos.
Os lanzáis al abismo:
nadie en la tierra queda:
¡En la tierra tan sólo
es el bello cantar, la flor hermosa:
es la riqueza nuestra, es nuestro adorno:
gocémonos con ella!

Cant. Mex., *f. 61* R., *lin. 27 ss. Anónimo de Tenochtitlan.*

55. MISIÓN DEL POETA

¡Sin duda eres el ave roja del dios,
sin duda eres el rey del que da vida!
Vosotros, los primeros que mirasteis la aurora
aquí cantando estáis.
¡Esfuércese en querer mi corazón
sólo flores de escudo: son las flores del sol!
¿Qué hará mi corazón?
¿Es que en vano venimos, pasamos por la tierra?
De modo igual me iré
que las flores que fueron pereciendo.
¡Nada será mi renombre algún día!
¡Nada será mi fama en la tierra!
¡Al menos flores, al menos cantos!
¿Qué hará mi corazón?
¿Es que en vano venimos, pasamos por la tierra?

Cant. Mex., *f. 10* R., *lin. 17 ss. De Huexotzinco. Anónimo.*

56. CONTRASTE DE LA VIDA

Dispuesto está el patio florido:
vienen ya los vasallos de Coyolchiuhqui:
viene él cantando con llanto:
"En primavera deleitosas son las flores,
deleitosos son los cantos.
Pero en mi casa reina el dolor,
En dolor y en tristeza apenas vivimos.
Y yo mis cantares cual plumas de quetzal
entrelazo al conjunto de príncipes,
a los nobles, a los reyes, al gran rey Tepolóhuatl.
Todos aquí vivimos.
En primavera deleitosas son las flores,
deleitosos son los cantos.
Pero en mi casa reina el dolor."

Cant. Mex., *f. 11* R., *lin. 6 ss. De Huexotzinco, de Monencauhtzin.*

57. LA TIRÁNICA LEY DE LA MUERTE

Yo, yo ahora digo:
— Sólo por breve tiempo, cual flor de la magnolia,
hemos venido al mundo a abrir nuestra corola.
Hemos venido solamente a marchitarnos.
¡Cese por un momento la amargura:
aún por un momento disipemos la pena!
¿Qué cantaremos, oh amigos míos?
¿Con qué podemos tener deleite?
¡Nacen allá nuestros cantos
donde nació el atabal!
Sufro yo sobre la tierra
en donde ellos vivieron.
Se irá enlazando la amistad,
se irá enlazando la unión,

se ha de hacer el festín
al lado del atabal...
¿Pero habré de venir yo?
¿Habré de elevar un canto?
Ya sólo yo estoy aquí y ellos están ausentes:
entre la niebla y el olvido habré de seguir durando.
Creamos al corazón: ¿Es nuestra casa la tierra?
¡Sólo en un lugar de angustia, sólo en un lugar de pena
viviendo estamos!
Yo no haré más que cantar, no haré más que preguntar:
¿Soy acaso como flor?
¿La sembraré una vez más?
¿Soy cual mata de maíz?
¿Habré de ser otra vez sembrado?
¿Mi padre, mi madre acaso, me habrán de engendrar
de nuevo?
Es la razón porque lloro:
Nadie queda con nosotros: nos han dejado huérfanos
en la tierra.
¿Dónde está el camino para buscar el reino de la muerte?
¿Dónde el lugar en que habitan los que ya no tienen
cuerpo?
¿Es que sigue habiendo vida en el lugar del misterio?
¿Es que aún tienen allá conciencia nuestros corazones?
¡En una arca, en un estuche esconde y amortaja a los
hombres,
aquel por quien todo vive!
¿Habré de verlos acaso? ¿Veré a mi padre y mi madre?
¿Habrán de venir a darme su canto y su palabra?
Nadie queda con nosotros: ¡nos han dejado huérfanos
en la tierra!

Cant. Mex., *f. 13* v., *lin. 19 ss. Poema recogido en Huexotzinco.*

58. CANTO DE GUERREROS NOBLES

Ya echa muchos brotes el árbol florido
de la corporación de amigos.
Ha echado raíces la unión de poetas:
con esto medra aquí la realeza.
Veré la unión, la gloria, de Águilas y Tigres:
yo soy un desdichado, pero me gozo
en la corporación de amigos que se afirma aquí.
¡Oh, tú por quien todo vive:
ave de espadas eres; ave de dardos eres:
llegas veloz volando!
Allí en el sitial de tu culto te paras,
te paras en el templo en que eres adorado.
Te limpias, te remeces, junto a los atabales.
Llueve la greda y pluma y tú, cual bella Garza,
te limpias, te remeces.
Con greda y plumas se enciende
el solio de los Tigres, el solio de las Águilas.

Cant. Mex., *f. 17* R., *lin. 20 y ss. De Tenochtitlan.*

59. TENOCHTITLAN, SEDE DEL CULTO SOLAR

Donde están las casas de esmeraldas,
donde están las casas de quetzal,
es donde reinas tú, Motecuzoma.
Solo tú conquistaste y tu renombre queda.
¡Ésa es tu adquisición y ésa es tu ganancia:
Tú en su presencia lloras y te conoce el dios!
Es allí donde se tiñen los dardos,
es allí donde se tiñen los escudos.
Es en Tenochtitlan donde están las flores preciosas,
donde las flores del corazón abren sus corolas
las flores del sol que los caudillos chupan.

Maravillosamente están colocados en Culhuacan
mosaicos de turquesa: y en casa de musgos
hay flores preciosas, flores del corazón.
Abren sus corolas las flores fragantes del sol:
y en torno del país las chupan los caudillos.
Dentro del agua estáis residiendo, oh dios paterno:
con variadas flores te sientes orgulloso.
Bajo tu sombra se resguardan los príncipes.
¡Grande es tu gloria; grande tu fama
con que ellos se hacen príncipes
con que ellos logran gloria!

Cant. Mex., *f. 18* R., *lin. 4 ss. De Tenoçhtitlan. El poema está mutilado en el Ms.*

60. CANTO AL DIOS DE LA GUERRA

Haciendo círculos de esmeralda está tendida la ciudad:
irradiando esplendores, cual pluma de quetzal, está México.
Junto a ella van y vienen las barcas: son los jefes guerreros.
Una niebla florida se tiende sobre las gentes.
¡Es tu casa aquí, oh autor de la vida!:
¡tú reinas aquí, oh padre nuestro!
Tu canto en Anáhuac es oído: se tiende sobre las gentes.
Mansión de blancos sauces; mansión de blancas juncias:
¡eso México es!
Y tú, cual Azul Garza, sobre ella abres las alas,
y a ella volando vienes:
tú aderezas tu cola y tus alas:
son tus vasallos que en todo el contorno imperan.
. . . .

¿Quién puede servir al señor de la vida?

¡A él que viene a sostener el cielo y la tierra!
¡Arde como hoguera el mandato de ellos!
Por los cuatro rumbos enciende la aurora
la voz del Guerrero:
Ésta es la ciudad de Motecuzoma,
y la de Acolhuacan, de Nezahualpilli
¡Ya va la marcha con abanicos de pluma de quetzal,
ya van en sus barcas y van suspirando,
van llenos de tristeza:
¿Cómo va a quedar la ciudad de Tenochtitlan?
¿Qué va a decidir el dios sobre ella?

Cant. Mex., *f. 22* v., *lin. 25 ss. De Tenochtitlan, de cerca de 1505. Está mutilado en la trasmisión.*

IV. POEMAS RELIGIOSOS

En esta breve sección incluyo testimonios de carácter religioso directamente ritual. De suyo son más oscuros. En algunos casos son breves, como para repetir sus palabras constantemente. Largos a veces, se prestan a la oscuridad, por su estilo simbólico.

61. VALOR DEL SACRIFICIO

¡Esmeraldas son: turquesas
tu greda y tus plumas,
oh dador de la vida!
Dicha y riqueza de los príncipes
es la muerte al filo de la obsidiana,
la muerte en la guerra.

Romances de los Señores de la Nueva España, *f. 42* v. *Se ha dicho que "greda y pluma" son sinónimos de sacrificio.*

62. POEMA A TEZCATLIPOCA

Yo mismo soy el Enemigo:
busco a los enviados y a los mensajeros
de mis tíos, los emplumados de negro.
Aquí los tengo que ver
no mañana ni pasado mañana.
Traigo aquí mi espejo mágico
y traigo la celebración del signo quinto.
Son los que rigen la marcha del día
hasta que sean encerrados,
mis tíos, los emplumados de negro.

De la recopilación de Hernando Ruiz de Alarcón, hecha en la primera mitad del s. XVII. *Se halla en ed. Navarro, p. 87. Es un poema puesto en boca del dios y mantiene las oscuridades de origen. El* Enemigo *es el dios Tezcatlipoca. Los* emplumados de negro, *los dioses de la lluvia. Ver más notas en mis* Veinte Himnos Sacros, *1958, p. 253 s.*

63. CANTO A LA MADRE DE LOS DIOSES

Amarillas flores abrieron la corola:
¡es nuestra Madre, la del rostro con máscara!
— Tu punto de partida es Tamoanchan.
Amarillas son tus flores:
¡es nuestra Madre, la del rostro con máscara!
— Tu punto de partida es Tamoanchan.
Blancas flores son tus flores:
¡Es nuestra Madre, la del rostro con máscara!
— Tu punto de partida es Tamoanchan.
. . . .

La diosa está sobre el redondo cacto,
¡Es nuestra Madre, Mariposa de Obsidiana!
Oh, veámosla en las Nueve Llanuras
se nutrió con corazones de ciervos.
¡Es nuestra Madre, la Reina de la Tierra!
Con greda nueva, con pluma nueva
está adornada.
Por los cuatro rumbos se rompieron dardos:
oh, en Cierva está convertida:
sobre la tierra de pedregal vienen a verte
Xiuhnelli y Mimich.

Sahagún en su recopilación de Tepepulco, c. 1547. Se publicó en Veinte Himnos Sacros, *1958, ver pp. 65 ss. para la inteligencia del oscuro poema.*

64. NACIMIENTO DE HUITZILOPOCHTLI

Sobre su escudo, de vientre pleno,
fue dado a luz el Gran Guerrero.
Sobre su escudo, de vientre pleno,
fue dado a luz el Gran Guerrero.
En la Montaña de la Serpiente es capitán,
junto a la montaña se pone su rodela como máscara.
¡Nadie a la verdad se muestra tan viril como él!
La tierra va estremeciéndose traviesa:
¿Quién se pone su rodela como máscara?

Poema recogido por Sahagún; ver texto y com. en Veinte Himnos Sacros, *pp. 77 ss.*

65. CANTO A CIHUACÓATL

¡El Águila, el Águila, Quilaztli,
con sangre tiene cercado el rostro,
adornada está de plumas!
¡Plumas de Águila vino,
vino a barrer los caminos!
Ella, Sabino de Chalma,
es habitante de Colhuacan.
¡Ea, donde se tienden los abetos,
país de nuestro origen,
la Mazorca en divina sementera
en mástil de sonajas está apoyada!
¡Espinas, espinas llenan mi mano;
espinas, espinas llenan mi mano:
la Mazorca en divina sementera
en mástil de sonajas está apoyada!
¡Escoba, escoba llena mi mano;
escoba, escoba llena mi mano:
La Mazorca en divina sementera
en mástil de sonajas está apoyada!

El 13-Águila, nuestra Madre,
la reina de los de Chalma:
¡su cacto es su gloria!
¡Que me llene ya mi príncipe Mixcóatl!
Nuestra Madre, la Guerrera,
nuestra Madre, la Guerrera,
el Ciervo de Colhuacan...
¡De plumas es su atavío!
¡Ya el Sol prosigue la guerra,
ya el Sol prosigue la guerra:
sean arrastrados los hombres:
acabará eternamente!
¡El Ciervo de Colhuacan...
de plumas es su atavío!
¡Ah Pluma de Águila! no máscara,
el que sube, no máscara...

De la misma colección de Tepepulco hecha por Sahagún. Ver Veinte Himnos, *texto y com. pp. 134 ss. Es la diosa Madre en funciones de comparte femenina, Cihuacóatl; acrecentadora de las legumbres, Quilaztli, y Guerrera, Yaocíhuatl. El poema es de la región de Chalco, en la parte meridional del Valle de México. El dios Mixcóatl es un dios solar que se llama también en este poema Tonaquetl: el que hace el día. El poema está incompleto.*

66. CANTO AL DIOS DUAL

En el lugar del mando, en el lugar del mando regimos:
es la ley de mi Jefe principal,
Espejo que hace relucir las cosas.
¡Ya van, ya están preparados!:
¡Embriágate, embriágate!:
obra el dios de la Dualidad,
Creador del hombre,
Espejo que hace relucir las cosas.

Poema recogido en la Historia Tolteca Chichimeca, *ed. facsimilar de Mengin, p. 33. Ver texto y notas en Apéndice a* Veinte Himnos, *pp. 229 s. El Sol es considerado como diurno y es cuando hace relucir las cosas:* Tezcatlanextia, *o como nocturno, y es cuando aparece humeante:* Tezcatlipoca.

67. LA GUERRA SAGRADA

¡El humo de la hoguera!
¡Allí hacen estruendo los escudos!
¡El Dios de los cascabeles!
¡Allí son tremoladas tus flores, oh Enemigo:
hacen allí estrépito los Águilas y Tigres!
Te vas mostrando amigo,
haces gracia a los hombres.
Hay ondular de llamas, el polvo amarillece:
brotarán rojas flores,
van a esparcirse, abren sus corolas.
En el agua florecida de la guerra
está la casa de las mariposas del escudo:
allí con dardos lee,
extiende las pinturas de los libros de divinas flores
Motecuzoma en México:
cambió nuestro sustento por sacrificios.

¡Oh Águila dios, en tu mansión imperas:
allí con dardos lee,
extiende las pinturas de los libros de divinas flores!
Motecuzoma en México:
cambió nuestro sustento por sacrificios.

Cant. Mex., *f. 61* v., *lin. 9 ss. Es de Tenochtitlan, entre 1502 y 1518. Lo publiqué en Apéndice a* Veinte Himnos, *con texto y notas, ver pp. 234 ss.*

68. DIÁLOGO GUERRERO MÍSTICO

—¿Dónde vais? ¿Dónde vais?
—¡A la guerra, al agua divina:
allí tiñe a los hombres
Nuestra Madre Itzpapálotl,
en el campo de batalla!
El polvo se alza
dentro del agua de la hoguera:
sufre el corazón del dios Camaxtle:
oh Mactlacueye, oh Macuil Malinalli:
¡como una flor es la batalla:
vais a tenerla en vuestras manos!

Cant. Mex., *f. 70* R., *lin. 19 ss. De Tenochtitlan por 1495. Los personajes mencionados son dos míticos: Mariposa de Obsidiana, que es un nombre de la diosa Madre; Camaxtle, nombre del dios solar tlaxcalteca equivalente a Huitzilopochtli. Los dos mencionados en los versos finales son dos príncipes de México que murieron con Tlacahuepan por el 1495.*

V. POEMAS DRAMÁTICOS

No llega el teatro inicial de los mexicanos al refinamiento del teatro griego o indostánico. Pero su tendencia a la teatralidad hace que sea uno de los más dignos de estudio. Era un teatro más bien de baile que de representación directa. Eso mismo fue el griego en sus principios. En esta sección doy algunas muestras de este modo de teatro, en cuanto nos han conservado los testimonios manuscritos. Era mucho más difícil retener textos que debían recitar diversas personas y los que recopilaron los primitivos textos pudieron salvar del naufragio pocas muestras.

En el Ms. de la Biblioteca Nacional de México tenemos muchos poemas de esta índole. Solamente daré ahora los de carácter prehispánico. Muchos hay de éstos que pertenecen ya a la etapa de hispanización. Los omito ahora, o dejo para otra obra. El interesado puede leer en mi Historia de la Literatura Náhuatl *la información acerca del teatro anterior a la Conquista y en la etapa de evangelización en que fue imitado.*

Doy aquí algunas muestras del prehispánico y en ella la parte de interpretación es mayor que en otros textos. Agrego una breve nota a cada pieza que inserto.

69. EMBAJADA DE HUEXOTZINCO

EL ENVIADO DE HUEXOTZINCO

Pintura que se estremece es tu corazón, oh Motecuzoma.
Vengo a traer y vengo a tremolar
sonriente mariposa de plumas de quetzal.
Viene ante ti a abrir sus alas de bella figura.
Yo la hago bailar al son de bellos caracoles.
Canto con flauta de jade, la hago tañer como oro.

MOTECUZOMA

Anhelo contemplar tus flores,
que no en vano sean cantadas:
yo las hago estremecerse.

ENVIADO

Flor entretejida de amarillo es mi corazón,
flor entretejida de amarillo es mi timbal,
de la región de la niebla, de la región de la niebla.
Ofrendo ya mis palabras como manojo de amarillas
flores,
de la región de la niebla, de la región de la niebla.
Alégrate y goza ahora:
que no para siempre aquí.
¡Tenemos que ir a su casa,
oh mi vecino Motecuzoma!
La tierra es sólo un préstamo,
son un préstamo las flores.
De la región de la niebla.

MOTECUZOMA

En el monte de la hoguera, el que tiene cuatro lados,
has venido a presentarte.
Flor de luz que reverbera:
sobre el prado de los tigres el águila llora:
quedó matizada de humo.
En la región de la niebla,
en la casa de la niebla.

ENVIADO

Yo volaba en su presencia y andaba abriendo mis alas,
como un pájaro de luz, como dorado zacuan,
como precioso quetzal, o como mariposa trepidante.

Que se detiene ante los hombres
y prosigue su camino por la región de las aguas floridas,
en la región de la niebla.
Llego y vengo a donde está tendida
la gran agua color de cielo;
desde allá donde se mueve y hierve espumante y sonora.
En tanto vuela el quetzal y el ave preciosa de rojo y
azul.
Desde Huexotzinco vengo y llego a medio del agua.

MOTECUZOMA

Voy a verlos, en pos de ellos voy.
Conoceré a mis vecinos:
el ave de preciosa esmeralda,
el ave de rojo y azul,
la mariposa color de oro,
el ave de collar rico,
los que rigen a Huexotzinco
allá en los campos del agua.
Allá en el agua de flores,
donde se mezclan agua de oro con agua de jade.
Ánade de ricas plumas grita y remueve su cola,
que irradia al ondular.

OTRO CANTOR

Yo soy cantor, me yergo en la altura.
Brilla el ave dorada donde las juncias se tienden.
Hermoseo mi canto y lo adorno con flores.

EL PRIMER CANTOR QUE VIENE
DE HUEXOTZINCO

Llora, que yo soy cantor y estoy mirando mis flores.
Sólo en mi mano estaban y mi alma embelesaban.

El canto por todas partes andaba en mi corazón.
Cual pulsera de turquesas, cual verde jade luciente,
apreciaba yo tu canto.
Sólo en mi mano estaban y mi alma embelesaban.
El canto por todas partes andaba en mi corazón.
Cual verde luciente jade apreciaba yo tu canto.
Hermosas mis flores eran, oh capitanes guerreros.
Gozaos, que nadie ha de durar para vivir en la tierra.
Cuando yo del mundo salga no llevaré el bello canto,
tampoco las bellas flores.
Oh mis amigos guerreros, nadie vivirá en la tierra.
Ahora esparzo yo mis flores.
¿Vas a ir tal vez conmigo a la Región del Misterio?
No, no llevaré las flores a pesar de que soy cantor.
Gózate ahora que vives y deléitate con mi canto.
Lloro yo que soy cantor, que no se lleva a su casa
el canto y la bella flor.
No en la región de los muertos es buscado.
No hay allí sitio para su enlace.
Vuestra gala y vuestra dicha,
oh guerreros, allá no tiene lugar.
No en la región de los muertos es buscada.
No hay allí sitio para su enlace.

Cant. Mex., f 27 v a 29 v. No parece completo.

70. BAILETE DE NEZAHUALCÓYOTL

Primer tiempo: Preludio de un cantor

Se aprestan aquí nuestros atabales.
Ya hago bailar Águilas y Tigres.
Ya te yergues tú, Flor del canto: estás entre ellos.
Yo busco cantos: son nuestra gala.

Oh, príncipe mío, oh Nezahualcóyotl:
tú ya te fuiste a la región de los muertos,
ya estás para siempre en el lugar del misterio.

HABLA NEZAHUALCÓYOTL

¡Aun allí, aun allí yo Nezahualcóyotl,
llorando estoy!
¿He de irme acaso, habré de perderme
en la región de los muertos?
Me abandono a ti, tú por quien todo vive:
tú lo mandas: me iré, me perderé
en la región de los muertos.
¿Cómo quedará la tierra de Acolhuacan?
¿Alguna vez se dispersarán tus vasallos?
Me abandono a ti, tú por quien todo vive:
tú lo mandas: me iré, me perderé
en la región de los muertos.

OTRO POETA

Sólo el canto es nuestra gala:
destruyen nuestros libros los nobles guerreros.
¡Haya gran deleite aquí:
nadie tiene casa propia en la tierra:
totalmente dejaremos las bellas flores!
Nadie agotará tu dicha, oh autor de la vida:
bien lo comprende mi corazón:
por muy breve tiempo la tienes prestada.
Oh Nezahualcóyotl, no por vez segunda
venimos aquí: nadie tiene casa propia en la tierra:
no por vez segunda venimos a la tierra,
Yo cantor lloro al recordar a Nezahualcóyotl.
¡Ven, llega hasta acá!
Lloro al recordar a Nezahualcóyotl.

Segundo tiempo: Monólogo de Nezahualcóyotl

¡Cánticos floridos haya: digan:
Tomo las flores que embriagan,
también hay flores de aroma!
Ven, serás engrandecido.
Llegaron ramilletes de flores:
son las flores del placer:
se esparcen y se estremecen, se entreveran variadas flores.
Ya retumbó el tamboril:
comience el baile.
Con rica flor de perfumes se pinta mi corazón:
Cantor soy: tómense flores para que sean tremoladas.
¡Gozad, gozad!
Dentro de mi corazón se quiebra la flor del canto
ya esparzo flores.
Con cantos he de ataviarme alguna vez,
de flores ha de entrelazarse mi corazón:
son los nobles, son los príncipes.
Lloro, por eso, al decir:
Mi fama florida, mi renombre de cantos
tengo que dejar un día,
de flores ha de entrelazarse mi corazón:
son los nobles, son los príncipes.

Tercer tiempo: Diálogo de dos poetas disfrazados de aves

TOZQUECHOL

¡Soy papagayo amarillo y rojo:
Volaba sobre la tierra: se embriagó mi corazón!

QUETZAL

Yo llego en tiempo de lluvias:
sobre las flores puedo cantar:
digo mi canto: se alegra mi corazón.

TOZQUECHOL

Agua de flores espuma sobre la tierra:
se embriagó mi corazón.

QUETZAL

Lloro yo y me siento triste:
nadie tiene casa propia en la tierra.
Digo, yo que soy mexicano:
Voy a seguir mi camino.
Iré hasta Tecuantepec, perecerá el de Chiltepec,
Y solo llora el de Amaxtlan, y el de Xochtlan perece.
Llora ya Tecuantepec.

Cuarto tiempo: Triálogo

ANÓNIMO

Ya está en pie el tamboril,
sea el baile, nobles guerreros.
Tomen ya sus piedras finas,
tomen ya sus anchos penachos de preciosa pluma.
¡Nadie tiene casa propia en la tierra!
Ya tengo en mis manos las flores
del que hace vivir al mundo.
Tomen ya sus piedras finas,
tomen ya sus anchos penachos de preciosa pluma.
¡Nadie tiene casa propia en la tierra!

NEZAHUALPILLI

Ya sus cascabeles está agitando el dios,
aquel por quien todo vive.

Acaba de conocer a Nonoalco y a Ahuilizzapan,
y a Atlacochtempan y Atlixco.
Es el rey Nezahualpilli.

UN ESCLAVO VENCIDO

Ya empuñaste en tu mano el desollador.
Con él das placer al dios, príncipe Nezahualpilli.
Se angustia mi corazón, porque yo soy de Nonoalco.
Ave del país del hule, pero mexicano en lengua.
Quedaron allá esparcidas las flores de tu batalla.
Soy ave del país del hule, pero mexicano en lengua.

Quinto tiempo: Un poeta

Dése ya principio, amigos: empiece el canto aquí.
Ha llegado ya aquel que hace alegría a los guerreros.
Naciste en el país del canto. Ha nacido un dios.
En tu casa la aurora se entrelaza:
tus flores, tus cantos, son jades florecientes.
Abriendo están la corola.
Guerra hubo y pasó,
dicha fue y victoria.
Ahora fragantes flores se esparcen: son tu palabra.
Y aquel por quien todo vive sobre de Anáhuac se tiende.
Así perdurará la ciudad dentro del agua.
En tus manos permanece: tú solamente la ves.

Cant. Mex., f. 28 v a 29 *v. El poema queda incompleto, por las razones apuntadas. Es de los más interesantes para conocer aquella forma de poesía mímica. La data puede ser de 1500.*

71. BAILETE A LA MUERTE DE TLACAHUEPAN

Primer tiempo: Diálogo entre el poeta y Motecuzoma

POETA

En el florido estrado de las Águilas
Teoxinmac enlaza su canto: es un bello cantar.

Príncipe mío, Motecuzoma,
¿ahora están ya en fila
en el reino de los muertos?
¿Lloran aún en la escalera de jade
al borde del agua divina?

Macollan las esmeraldas, reverdecen las plumas de quetzal,
abren sus corolas las flores de oro en tu casa.

Príncipe mío, Motecuzoma,
¿Ahora están ya en fila
en el reino de los muertos?
¿Lloran aún en la escalera de jade
al borde del agua divina?

Así recordad y haced memoria
de la muralla de Acapechopan:
Volaban allí los adornos dorsales de pluma de quetzal.
A la falda del Matlacueye
Fue la desgracia final:
lloraron los príncipes chichimecas.

MOTECUZOMA

Así vine yo a la vida,
Y es así como nací.

Yo soy Motecuzoma:
con mi perforador de cacto,
con mis dardos en lluvia,
con mis blancas pulseras.

OTRO CANTOR

¿Es acaso la verdad que nada valemos?
¡Flores fragantes se buscan, son anheladas:
hay muerte de agua floreciente
hay muerte de agua deliciosa:
Tlacahuepan e Ixtlilcuechahuac!

Sigue un intermedio de canto sin palabras.

¡Qué bien el Águila Blanca
ya con el humo se tiñe:
ya el ave quetzal y la roja guacamaya
se tiñen de humo dentro del cielo:
son Tlacahuepan e Ixtlilcuechahuac!

Intermedio de canto sin palabras.

Los dos héroes y el coro

CORO

¿A dónde vais? ¿A dónde vais?

HÉROES

¡A la guerra, al agua divina:
allá a los hombres tiñe
nuestra Madre Itzpapálotl:
en el campo de batalla.

CORO

Se alza el polvo
dentro del agua de hoguera:
se angustia el corazón
del dios Camaxtli:
Matlacueyetzin, Macuilmalinaltzin:
la batalla es como flor
en vuestras manos será colocada,
y ya colocada está.

El poeta cierra el tiempo

¿A dónde iremos que no haya muerte?
Llora por esto mi corazón.
— Tened esfuerzo:
nadie ha de vivir aquí.

¡Aun los príncipes vienen a morir:
anonadado está mi corazón!

— Tened esfuerzo:
nadie ha de vivir aquí.

Segundo tiempo: Un poeta solo

Dentro del florido recinto
Ya se tejen áureas y rojas flores.
Se reparten y se esparcen fragantes flores:
caen en lluvia en el recinto florido.
Con ellas engalana a los hombres,
con ellas hazlos felices,
aquí en el patio florido.
Ya las flores de tristeza tristemente se derraman.
Ya esparciéndose están.

Canta ya:

Un jade sonrosado y un libro de pinturas
es tu corazón, oh chichimeca Motecuzoma:
preciosas aves doradas y rojas
andan volando sobre el agua floreciente.
Reposa ya y recréate, oh Motecuzoma displicente:
entre las flores preciosas está la flor de la vida.
Preciosas aves doradas y rojas
andan volando sobre el agua floreciente.

Canta aún:

Oh Motecuzoma, fija los ojos en el gran templo:
mira dónde están pendientes los aderezos dorsales.
Ya bajan los hombres que tienen flores de color de oro.
Ya el otomí canta: ya está llorando por ti.
Tú eres un chichimeca.
Sobre los montes verdes lucientes.
Ved, vecinos tlaxcaltecas,
está tendido nuestro padre el dios.
Sobre multicolores flores
estás reinando tú, Motecuzoma,
y ésa es la casa del dios.
el que en el interior del cielo tiene su mansión.

MOTECUZOMA

— Mis flores de acacia, mis flores de cacto,
ya están abriendo sus corolas.

Tercer tiempo: Serie de poemas cortos

1

Canto yo:
Ya con el Otomí se fue el águila de collar.

Nadie lo podrá ver ya,
nadie oirá su palabra otomí.
¡Nosotros logramos esto!
Del Rey Axayácatl
jamás ha de terminar el florecer de sus hijos:
estarán en producción las preciosas esmeraldas:
habrán de ir en aumento
las raíces de sus joyas.
Nadie podrá ver ya,
nadie oirá su palabra otomí.
¡Nosotros logramos esto!

2

En mi canto estoy desolado:
tal vez nunca así alce mi canto.
Pero que eso no sea así:
esforzad vuestro corazón.
¡Pero yo soy otomí!
Él está en pie allí,
allí eleva su bello canto.
Puede recoger sus flores, y su sonaja también.
Recreaos aquí,
¡Pero yo soy otomí!

3

Pero yo sufro en mi canto: nada mi canto vale.
Cual ardilla al cerro subo: felices son mis amigos.
Allá cual multicolores jades
pintura es su corazón.
De verlos estoy deseoso,
pero ya cesa mi canto.
Son los hombres de Zotolan:
allá cual multicolores jades

es pintura su corazón.
De verlos estoy deseoso,
pero ya cesó mi canto.

4

Hay lluvia de flores,
hay lluvia de bellas flores,
que son del otomí blanco
dentro de su cabaña dorada.
De vuestras orejeras de roja obsidiana
estuvisteis ufanos,
oh vosotros mexicanos,
dentro de la cabaña dorada del otomí.

Cant. Mex., f. v. *ss. Este poema es de* c. *1498, y probablemente está incompleto. Para cada tiempo hay ritmo diferente bien marcado en el Ms.*

72. HUIDA DE QUETZALCÓATL

Primer tiempo: La ida

UN CANTOR

Había una casa en Tula hecha de maderamientos.
Sólo en fila quedan hoy columnas serpentiformes.
Se fue y la dejó huérfana Nácxitl nuestro príncipe.

CORO GENERAL

Al son de las trompetas son llorados nuestros príncipes.
¡Ay, ya se fue, se va a perder en Tlapala!

EL CANTOR

Allá por Cholula vamos a pasar,
junto al Monte de nieblas sutiles,
por el lugar de las lluvias,
por el lugar de las barcas.

CORO GENERAL

Al son de las trompetas son llorados nuestros príncipes.
¡Ay, ya se fue, se va a perder en Tlapala!

Sigue un largo baile sin palabras.

IHUIQUECHOLLI, PRÍNCIPE TOLTECA

Vengo de Nonoalco, yo Ihuiquecholli,
yo que soy el príncipe Mamalli.

MATLACXÓCHITL, SUCESOR DE QUETZALCÓATL

Estoy dolorido, que se fue mi rey:
Ihuitimalli me ha dejado huérfano:
yo soy Matlacxóchitl.

Largo baile sin palabras.

IHUIQUECHOLLI

Abiertas están las montañas: por eso lloro.
Se elevan arenas de sílice: por eso lloro.

MATLACXÓCHITL

Estoy dolorido, que se fue mi rey:

Ihuitimalli me ha dejado huérfano:
yo soy Matlacxóchitl.

IHUIQUECHOLLI

Allá en Tlapala eres esperado:
ése es el lugar a donde te mandan ir,
ese sitio de reposo en Zacanco.

MATLACXÓCHITL

Te pusiste en marcha, oh mi rey Ihuitimalli,
tienes el mandato de ir a Xicalanco y Zacanco.

Largo baile sin palabras.

UN CANTOR

En el lugar de las nieblas aún no está,
en el lugar de las nieblas aún no está.

CORO GENERAL

¿Cómo quedarán abandonados tus patios?
¿Cómo quedarán desolados tus palacios?
¡Ya huérfanos los dejaste
aquí en Tula y Nonoalco!

EL CANTOR

Tú mismo ya lloras, príncipe Timal...

CORO GENERAL

¿Cómo quedarán abandonados tus patios?
¿Cómo quedarán desolados tus palacios?

¡Ya huérfanos los dejaste
aquí en Tula y Nonoalco!

Largo baile sin palabras.

EL CANTOR

En madera y en piedra que quedas al irte pintado.
Allá a Tula vamos a gritar:
¡Oh Nácxitl, oh nuestro príncipe!

CORO GENERAL

Nunca ha de extinguirse tu fama:
y por eso llorarán tus vasallos.

EL CANTOR

Sólo queda en pie la casa de turquesas,
la casa de las serpientes que tú dejaste erigida.
Allá a Tula vamos a gritar:
¡Oh Nácxitl, oh nuestro príncipe!

CORO GENERAL

Nunca ha de extinguirse tu fama:
y por eso llorarán tus vasallos.

Baile general sin palabras y lentamente se alejan guiados por los príncipes y por el cantor.

Segundo tiempo: La herencia

CANTA CINTÉOTL, DIOS DEL MAÍZ

Yo la Mazorca listada de rojo nací:
la variada flor del maíz se matizó.

Allá vino a abrir sus granos
en la presencia del dios que hace el día.
— En la Región de la Lluvia y la Niebla
sólo las bellas flores acuáticas abren sus capullos,
pero yo soy la hechura del dios,
creación suya soy.

CANTA EL CORO

— Ya llegó: sólo entre matices tu corazón vive
sobre la estera de musgo cantas,
haces bailar a los reyes:
tú en Atlitenpan imperas.
— Te creó el dios, florida te hizo nacer:
como un canto te pintó.
— Los toltecas pintaban:
sus libros se acabaron,
pero tu corazón llegó a la perfección.
Oh, con el arte tolteca tiene que vivir aquí.

Cantos sin palabras y baile.

Tercer tiempo: Diálogo de cantores

PRIMERO

¿Quién me tomará?
¿Quién conmigo a estar en pie irá?
Oh, amigos, yo soy cantor:
desde mi interior mis flores
y mis cantos se desgranan sobre los hombres.
Tajo una gran piedra,
pinto un grueso madero:
se habrá de hablar de mis cantos
cuando me haya ido yo.

Mis cantos como modelo
dejaré sobre la tierra:
en ellos vivirá mi corazón.
Viene del país de la niebla
y ha de vivir mi recuerdo.

SEGUNDO

Lloro, digo y pienso en mi corazón:
— Vea yo la raíz del canto,
y la plante yo en la tierra.
Si alguna vez se logra,
vivirá mi corazón.

CORO GENERAL

Ya la flor de los príncipes
fragante exhala su aroma:
unidas en la amistad están nuestras flores.

Baile y canto sin palabras.

SIGUE EL CORO

Pero las preciosas flores
fragantes vienen abriendo:
exhalan su aroma y llueven
las flores narcotizantes,
allí vivo y ando yo, que soy cantor.
Se oye germinar mi canto,
las palabras de mi siembra
ahora retoñando están:
ya se yerguen nuestras flores
en este tiempo de lluvias.

Canto y baile sin voces y fin.

Cant. Mex. *f.* 26 v *ss.*

II

TESTIMONIOS EN PROSA

I. PROVERBIOS

En toda cultura la mejor manera de indagar la mentalidad es el estudio de los proverbios. Hubo muchos en la vieja cultura náhuatl. Se mencionan al menos tres repertorios de ellos, que no se han conservado. Tanto Olmos como Sahagún y Mijangos reunieron muchos en serie y dejan muchos más esparcidos por sus escritos. Doy aquí una breve muestra de este género, y como de suyo es tan breve, agrego el texto original y alguna nota explicativa. Van en numeración propia, en cifra romana.

I. Que se les abran los ojos y el corazón.
(Ma mixtlapohui in amix in amoyollo.)

Sah. Ms. Acad., *f. 153* R. *El sentido es que se llegue a la comprensión y a la claridad.*

II. Ya ni con su barba está a gusto.
(Aoc mahuilmati in itentzon.)

Sah. Ms. Acad., *f. 152* v. *Ni lo que tiene en la cara le place, menos otra cosa.*

III. No dos veces se vive.
(Ayoppa in piltihua, ayoppa in tlacatihua.)

Muy divulgado. Se halla en Sahagún, *en* Cant. Mex. *y en otros testimonios. Literalmente: No dos veces se es hecho hijo, ni dos veces se nace.*

IV. Eres florecita inclinada, pero llevas el morral debajo.
(Titololxochton titlanixquipile.)

Sah. *Lib. VI, 20. Cabeza baja y manos largas.*

v. ¿Dónde hay amigos? No tenemos amigos.
(In catli ame? Ah tocnihuan!)

Cant. Mex., *f. 36* R. *La muerte y la miseria acaban con la amistad.*

vi. Puede que sí y puede que no.
(Cuix nelli, cuix no amo nelli.)

Cant. Mex., *f. 26* R. *y pas.*

vii. Ya está tendida la paga.
(Ye onoc in tlaxtlahuilli.)

Mijangos, *fr. 20. Es como el nuestro: El que la hace, la paga.*

viii. Como venado ando acoyotado.
(Yuhquin mazatl zan nicoyotolotinemi.)

Mijangos, *fr. 19. Es como el nuestro: Con la cola entre las piernas.*

ix. En la hortaliza y en el bosque hace mercedes nuestro señor.
(In quiltitlan in cuauhtitlan moteicnomachitia in totecuyo.)

Sah. *VI, 16. Es que no hay sitio por bajo que sea en que no haga mercedes al hombre el creador.*

x. Como se acuesta, así se levanta.
(In yuhqui cochi, in yuhqui mehua.)

Sah. *VI, 1. La suerte es igual de mala, no tiene qué comer ni tarde ni mañana.*

XI. Si en verdad eres estrella, no te alumbres con tea.
(Tla melahuac ticitlali amo xic mapiqui ocotl.)

El que se jacta de talento, puesto, etc., no debe buscar lo bajo. Es de uso moderno.

XII. ¿Quién será útil a otro, cuando no lo es a sí mismo?
(Cuix aca ticneliz, ca ah ticmoneliz?)

Sah. *VI, 14. El que para sí no es diligente, menos será para otros.*

XIII. La tierra será lo que son los varones.
(Tlalticpac toquichtin tiez.)

Sah. *VI, 14. Lo que necesita la tierra es trabajo, no ser ella fecunda.*

XIV. No hay lugar para reposo.
(Accan huel netlacualilo.)

Mijangos, *fr. 57. Lit. No hay donde se coma. Equivale al nuestro: Ni para respirar hay tiempo.*

XV. Sin darse cuenta el corazón se agria.
(Zan yuh nenti in chichixtiuh noyollo.)

Mijangos, *fr. 60. Se echa a perder uno sin sentirlo. "Poco a poco se avinagra el vino."*

XVI. Salirle a la cara a alguno.
(Oteyacac nonquiz.)

Mijangos, *fr. 74. Es tanto como "echarse a las barbas".*

XVII. Andar en nubes y nieblas.
(Mixtitlan tlayohuayan nemi.)

Mijangos, *fr. 107. No entender [illegible] cosas. Vivir en mala vida.*

XVIII. No cantar el buen cantar.
(Ahmo nelli in cuicatl quehua.)

Mijangos, *fr. 108. No tener vida recta.*

XIX. Ando recogiendo perlas.
(Niccui nicana in chalchihuitl.)

Id., *fr. 126. Tener espíritu de selección para lo bueno.*

XX. Me pesa en el corazón la vida que voy llevando.
(Nech ellelpozahualtia in notlahuelolocayo.)

Id., *fr. 137. Sentido claro.*

XXI. En nada hago caso de eso.
(Ayamo cenca noconmati.)

Id., *fr. 159. "Ni sudo ni me acongojo."*

XXII. Estoy allí en mi centro.
(Huel oncan in nocehuian.)

Id., *fr. 180. Lit. Es allí mi descanso.*

XXIII. ¿Qué pasó, pescado de oro?
(Quen huel xi mimatia in ti teocuitlamichin.)

Sah. *VI, prov. 50. El muy cuidadoso de repente falla.*

XXIV. Abajo el morral colgando.
(Tlani xiquipilhuilax.)

Sah. *VI, prov. 11. Mustio* [illegible] *encogido, pero con la avidez oculta.*

XXV. No al salir el sol caliente, sino cuando va subiendo.
(In hualquiza tonatiuh amo totonqui quinicuac ye iyeliz yetiuh.)

Sah. *VI, prov. 55. No al principio tienen energía las cosas, sino con el tiempo.*

II. DISCURSOS EDUCATIVOS

La carencia de alfabeto impidió a los antiguos mexicanos dejar por escrito la doctrina que regía su vida y sus costumbres. La falta misma de escritura fonética fue un gran incentivo para el desarrollo de la memoria. Se redactaron y trasmitieron de memoria muchos discursos y arengas oratorias que se enseñaban a los más bien dispuestos de los jóvenes en sus planteles de educación, especialmente el Calmécac, que podemos asimilar a nuestra serie de institutos de formación superior. Estas piezas, a veces muy largas, fueron afortunadamente recogidas por los misioneros franciscanos. Ya en 1540 Andrés de Olmos reunió la más amplia en carácter de recopilación general. Siete años más tarde, Bernardino de Sahagún hizo otro tanto, pero tuvo la suerte de tomar sus relatos y sus discursos de gente de la nobleza. El material que fue el primero que reunió en su investigación forma el Libro VI de su magna obra. Para que se tome en cuenta la amplitud de documentos bastará decir que en el Códice de Florencia llena 430 páginas de apretada escritura y el hecho de que sea a dos columnas, una de ellas con la versión al castellano, no amengua su dimensión e importancia. Por lo que toca al material de Olmos hay varios manuscritos en diversas bibliotecas y la edición de su texto que hizo Bautista en 1600. De ambas recopilaciones daré algunos fragmentos como testimonios del pensamiento del México prehispánico. Más datos pueden hallarse en mi Historia de la Literatura Náhuatl, *1953, I, 401 ss.*

1. AMONESTACIÓN DEL PADRE AL HIJO COMO PREÁMBULO

Hijo mío, joya mía, mi rico plumaje de quetzal:

Has llegado a la vida, has nacido, te ha hecho venir al mundo el creador y dueño.

Te creó, te forjó, te hizo nacer aquel por quien todo vive.

Y vieron tu rostro y tu cabeza tus madres, tus padres, tus tíos y tus tías y tus parientes. Fijaron su mirada en tu semblante y en tu cerviz. Y lloraron y se emocionaron por causa tuya, porque has llegado a la vida, porque has nacido en la tierra.

Ahora bien: Por breve tiempo has venido a contemplar las cosas, has venido a ir evolucionando, has venido a hacer medro en tu persona, has venido a crecer.

Cual un pajarito al fin abres el cascarón. Como si fueras a salir ahora de tu encierro; como que ahora echas plumas y de ellas te vistes; como que ahora te salen cola y alas. Es que ahora comienzas a mover tus manos y tus pies y tu cabeza. Y como que haces tentativa de irte a volar.

¿Cuál será el designio de aquel por quien todo vive?

¿Un día, o acaso dos, te tendremos en préstamo: cual si fueras una joya o un penacho de ricas plumas prestado por bondad del Amo?

¿Vas a lograrte acaso? ¿Vas a vivir en la tierra? ¡Ojalá que pacíficamente crezcas y en dulce calma te acrecientes!

¡Que no resultes vano, que no seas un ser frustrado! ¡Ojalá por breve tiempo entres al lado y te metas bajo el amparo de nuestro Amo, y que él te sea clemente!

¡Él lo haga ver: él te eleve, te mida! ¡Es dios, es rey: tiene grandes los brazos; es de grandes espaldas!

El dios es tu madre y tu padre, y no hay comparación de cómo te cuida, cuando te ama: ni yo tu padre, ni tu madre te amamos como él! ¡Claro: él te determinó y decretó tu existencia, él tuvo a bien concederte la vida, hacer que tú nacieras!

Olmos, *Ms. de la B. del Congreso en Washington, f. 101* R *y* V.

2. CONTRA MENTIRA Y FALSEDAD

Cuídate mucho de la mentira y falsedad: no es recto, no es bueno. Nadie puede vivir bien al lado de las personas, si tal es su conducta: con ella arroja a las personas al muladar, al estercolero.

Y lo bueno y recto que en tu presencia se dijo y declaró; lo que es digno de decirse, digno de loor y no cosa pervertida y torpe, si llegas a decirlo, no le aumentes nada, no le agregues cosas nuevas, y si es cosa que no está a tu nivel, no la repitas como tuya. Para no errar, dí las cosas tal cual las oíste.

Y si algo difícil y peligroso ante ti se hace o dice, no lo digas luego, no lo manifiestes, no lo hagas saber a otros. Y si acaso alguien te pregunta sobre lo que pasó o se dijo ante ti, no lo digas, no lo declares, a no ser que ya alguien lo sepa.

¿Eres, acaso, como una mazorca, como una espiga, para que vayas soltando lo que hay en tu interior? ¿Podrán ver lo que tienes dentro de ti? Bien atado, bien guardado, bien recóndito está en tu interior, como en un cofre y en una caja. Diga alguien lo que diga, por más que te urjan para que lo declares, no digas, no descubras, no obres en ese sentido, que de hacerlo, caerás en conflictos y dificultades, o irás a dar en la infamia y el vilipendio. Y si dices lo que no debes, tú mismo te meterás en angustias y bochornos y tú mismo te rasgarás los labios mordiéndolos.

Olmos, *Ms. de Washington, f. 106* v *y* s.

3. PARTE FINAL DE LA EXHORTACIÓN

Cosa por cosa te he ido declarando todo: si obras mal, como acabo de exponerte, mostrarás que eres un perverso, que nada de ello te ha quedado en tu rostro y en tu corazón. Serás ciertamente tú un pervertido y no tendrás otra suerte y destino que la embriaguez y el peor de los vicios, que es el de los estupefacientes. Licor de maguey con hongos tóxicos es lo que beberás, eso comerás. Y con esto irás tan abajo que ya no te des cuenta de nada y quedarás tan fuera de ti, que por tu misma espontánea acción te irás a arrojar a las llamas, en el fuego de palos ardientes, en el rincon del horno, o en el precipicio y en la torrentera. De esa manera te meterás tú mismo en las trampas, en las redes y nada te esperará ya si no es el palo y la piedra y vendrás a caer en un muladar o estercolero.

De ese modo ya no tendrás recato con nadie, andarás saltando a lo loco, te saldrán cuernos en la frente: como que te habrás metido por el camino que solamente frecuentan el conejo y el venado, y tu campo de actividad va a ser el bosque y el llano.

Infeliz de ti, si no acoges con agrado la doctrina que te dan tu madre y tu padre; si no te aferras a lo que tiene que ser tu sostén y tu guía de la vida, no hay que decir ya más. Terminó contigo todo.

Irás a caer por allá lejos; irás a dar en las garras del tigre y del coyote. Y no te sentirás disgustado: irás siempre para atrás. Tú mismo te metiste en estos conflictos por no haber recibido la enseñanza, la amargura y el llanto mismo de tus mayores, como debieras.

No fue el rigor de un gancho, no fue la acritud del castigo: nosotros te dimos las normas con que fuimos criados, lo que nos hace ver las cosas, pero tú arrojaste todo eso por la tierra y no te queda más que el castigo: el palo y la piedra del Señor.

. . . .

Si vives bien, si obras como se te ha indicado, serás muy bien visto y tu vida servirá de ejemplo a otros. Será reprensión de los que no viven debidamente ni tienen acato a su madre y a su padre.

Y basta ahora: hemos hecho el deber tu madre y tu padre. Con esto te ciño, te fortalezco, te pongo la blancura de aceptación y las plumas de la gracia ante el dios. ¡No desdeñes, no arrojes, como se arroja la basura, cuanto te he dicho!

Olmos, *Ms. de Washington, f. 119* R y V.

4. RESPUESTA DEL HIJO

Padre mío: ha hecho un don tu corazón; un don me has concedido, que es tu joyel y tu penacho de plumas finas.

Posible es que yo reciba, que yo acoja tus palabras y tu dicho que de tan el corazón te sale, de tu pecho y de tus mismas entrañas.

No voy a frustrar jamás eso con que tu cumples con tu deber para conmigo, y yo, que soy tu joya y tu fino plumaje.

Y si en algo obrare yo mal y en algo hiciera cosa reprensible, no será para ti, padre mío, objeto de reprensión o censura. ¿Qué soy yo sino un pequeñín, un chiquillo que aún se complace en jugar con el polvo y los tiestos que hay por el suelo y en ello me divierto? Soy tal que aun en mis deyecciones mismas me complazco. La cara tengo sucia y con la mano me la limpio. No veo, no oigo ni percibo bien las cosas y aún no estoy formado ni completo.

¿A dónde habrías de enviarme, tú mi madre y mi padre? ¿No soy tu sangre? ¿No soy tu linaje? Podrá aún haber palabra y dicho tuyo materno y paterno y acaso lo desdeñe y haga caer. Pero hasta que yo esté totalmente formado, hasta que yo me dé cuenta total de las cosas, no me abandones.

Esto es todo lo que digo ahora a tu palabra y tu espíritu en respuesta: es la palabra y el habla de un pobrecillo tartamudo, del que apenas puede hablar y está lleno de polvo y anda entre las cosas de desecho por los suelos. Palabra de un chiquillo, de un niñito. Caiga bien esta mi palabra y mi dicho. Queda en prosperidad, padre mío.

Olmos, *Ms. de Washington, f. 119* v *y* s.

5. EXHORTACIÓN DEL REY A SUS HIJOS

Venid acá, hijos míos: oídme. Yo soy vuestro padre y madre y vosotros sois mis hijos.

Yo por muy breve tiempo, por una corta duración estoy en el poder real haciendo desaciertos y disparates con la ciudad. Estoy al cargo de los ciudadanos y cuanto hago es digno de mofa, al grado de hacer bailar de burla a quien me ve. Eso ante el Señor y en el solio y trono que él me ha concedido, y es asiento de su gloria.

Y ahora aquí estás tú: tú el mayor de todos, el primer nacido, y aquí estás tú el que sigue, el que va en pos de otros, y aquí estás tú, el menor de todos.

Y yo lloro, me entristezco y me aflijo al pensar:

—¿Quién será mi mano muerta? ¿Quién será mi boca seca?

O, ¿quién logrará tener éxito?, ¿de quién tendrá el Señor piedad?

¿Habrá alguno entre vosotros que merezca y sea digno de llegar al trono?, ¿de soportar la carga de mando? ¿O no habrá ni uno solo?

¿Voy a ser yo quien cierre la serie de reyes? ¿Conmigo va a acabar todo? ¿En esto va a terminar? ¿Eso habrá dispuesto nuestro Señor? ¿Va a ser demolido, disipado lo construido, lo que se levantó sobre sus cañas? ¿Y todo cuanto yo he edificado bajo el mando de nuestro Señor? ¿Esto que con tanta pena y con tanto trabajo se ha llevado a feliz término? ¿Va a ser conquistada esta tierra? ¿Va a sobrevenir la ruina total? ¿Qué habrá aquí? ¿Se acabará mi fama y mi renombre? ¿No habré de dejar en negro y rojo [por escrito] nada de mi recuerdo?

Favor de oírme: ved de qué modo hay que vivir en la tierra y cómo se hace uno digno de la divina piedad del que domina el mundo entero:

Se requiere un hombre que llore, que eleve al dios su emoción, que suspire, dé culto al numen y sea diligente, sin dejarse dominar jamás de la pereza. El que se dedique a estar en espera de los divinos dictámenes, a estar siempre en vela, a poner su esfuerzo, a hacer los servicios del culto: barrer, limpiar, ir a echar fuera los desperdicios.

Eso es quizá lo que al dios place y de eso está atento: de la oblación del fuego, de la ofrenda del incienso.

Es la forma en que uno entra al lado del dios, allí donde su corazón se desborda y sus mismas entrañas; allí donde se da a conocer la gente; donde se hacen mercedes a los hombres, y se les muestra compasión y los hace dignos de ella; allí donde reparte sus dádivas a todos: el valor varonil, el rango de Águila y de Tigre. Allí da sus mandatos y concede sus dones; allí toma y experimenta a los amigos, los llama, los favorece, los hace subir al orden de Águilas, al orden de Tigres, y en las manos de ellos pone la urna del Águila y el tubo del Águila [e.d., la urna y el tubo del sacrificio al Sol].

El que así obra se hace madre y padre del Sol; ese da de comer y de beber lo mismo en la altura que está sobre nosotros, que en la hondura del reino de los muertos. Ese ve también por los caballeros Águilas y Tigres y es para ellos madre y padre. Eso es mandato del dios, ya que el hombre no se hizo a sí mismo, ni se creó a sí mismo.

Acaso elige a alguno y lo hace subir al rango de Águila y Tigre, o lo cree merecedor de llevar algún cargo de mando, o pone en sus manos el agua que purifica y lava al pueblo de abajo.

Se pone a la izquierda y viste las sandalias de obsidiana del Padre de los dioses, Madre de los dioses.

El que está en el centro de la tierra,
el que está encerrado en encierro de turquesas,
en el estanque de agua de color azul,
el Dios Antiguo, el de la Región de las neblinas de la muerte,
el dios del Tiempo [Xiuhtecuhtli].

. . . .

Oídme por favor: ¿Qué, pues, tenéis que hacer en la tierra?

Por medio de otros habéis venido a este mundo: en vosotros renacen nuestros ancestros, aquellos que se han ido marchando en larga fila y están allá muy lejos: los reyes, los señores. ¿Acaso habéis nacido entre legumbres: entre árboles habéis venido a la vida? ¿Qué tendréis que hacer, pues?

¿Vais a tomar el oficio, quizá, del que va con el traficante, con el bordón y las angarillas? ¿O tomaréis como oficio el abrir surcos o caños para el riego? ¿Iréis a cultivar legumbres o acarrear leña?

Oíd: éste es vuestro oficio:

Atended al tambor y a la sonaja [e.d., al canto y al baile]: con eso despertaréis al pueblo y daréis placer al Dueño del universo. Con este medio haréis propicios su pecho y sus entrañas: es el medio de pedir y de buscar al Señor.

Atended al cultivo de las artes: el arte de la pluma, del labrado de la madera, que este es el remedio de la pobreza y de la indigencia; eso defiende y ampara a la gente. De allí se saca para comer y beber.

Atended muy principalmente al surco y al caño de riego [e.d., a la agricultura]. En la sementera sembrad y laborad: ¿no va a crecer por obra tuya y a medrar el maíz que tú has de comer?

Ésa fue la tradición que dejaron los antepasados de quienes procedéis, aquellos reyes y señores. Eran muy cuidadosos, se preocupaban en extremo por el cultivo de los surcos y por el cuidado de los caños de riego y todo lo fincaban en el surco y en el riego. Y solían decir, como nos va trasmitiendo la versión tradicional, que aún formula:

Si te das exclusivamente a la nobleza y no das atención al surco y al caño para el riego, ¿qué darás de comer a los demás? ¿Qué comerás tu mismo?

¿Dónde he visto yo que se cene y se almuerce con nobleza?

Tenedlo presente: el sustento nos capacita. Alguien ha dicho por allí:

El sustento es nuestra carne y nuestro hueso; nuestra vida y nuestro ser.

Él es el que pone en pie a la gente, él, el que alegra y restaura; el que ríe y el que vive.

Y aún hay otra palabra de verdad que dice:

El que reina, el que domina, el que conquista, ¿dónde vi que no fuera sino un agujero con tripas? ¿No come acaso, el que reina y el que rige? ¿Qué conquistador he visto que no llevara su provisión de alimentos?

Por el sustento perdura la tierra; por el sustento se mantiene el mundo. Nosotros vamos dando vida al mundo, pero el sustento es nuestra esperanza.

Por consiguiente:

Sembrad en la sementera magueyes, nopales, árboles.

Decían proverbialmente los ancianos:

Esos darán refrigerio a los pequeñitos. Y aun tú, muchachón, ¿no te deleitas en la fruta? Y, ¿cómo ha de haber fruta, si no se siembra y cultiva el árbol?

Basta. Voy a dar fin a mi discurso. Ponedlo en vuestro corazón, guardadlo y colocadlo allí; pintadlo dentro de vosotros mismos.

Aún quedará mucho, aún quedará tanto qué decir. Nunca seremos capaces de decir lo que decirse puede.

Aquí está todo: esto es lo que debes guardar en tu corazón. Eso nos dejaron como un don cuando se fueron nuestros mayores.

Primer punto: Entrad al refugio del Dueño del mundo, señor de todo, Noche y Viento. Dadle totalmente vuestro corazón y cuerpo.

No desvíes el pie, ni en tu interior hables contra él ni murmures: él puede ver dentro de la piedra y dentro del madero. Dueño de todo es; nadie le pone coto, él por su libre albedrío y en forma que le parezca vendrá a disponer acerca de ti.

Segundo punto: Vive con los demás en paz y quietud; no seas un obcecado, no seas un levantisco. A nadie desprecies y a nadie te opongas. Ya dirá el dios la palabra final. No te exhibas como un sabelotodo y que digan lo que digan.

Y aun estando a punto de perecer, no des el mismo pago a los que en ese estado te pusieron.

No te muestres como culebra que engaña, ni seas el afectado en tu saber. No te lances contra nadie, ni que el viento te empuje contra alguien, antes bien atráelo a ti, hazlo benigno por los buenos tratos y consideraciones que les tengas. ¡Te mira el Señor y él dará el pago conforme a maldad y conforme a bondad!

El Señor te mira: él se enojará contra ti.

Vivamos en paz y tengamos el don de la quietud. Así vive, ya que hay quien te rija y gobierne.

Tercer punto: No vivas en el ocio ni andes en el mundo sin provecho. No pases en vano el día ni la noche.

Primeramente, lo que tenemos necesidad de obtener: nuestros huesos, nuestra carne y esos provienen de los alimentos. Aspira a ellos y en su busca invoca al Señor.

Lo que colgamos al cuello, lo que ponemos a la cadera [e.d., el vestido], pídelo también al Señor. Día y noche no ceses de hacerlo.

Aquí tenéis todo con que yo cumplo con mi oficio hacia vosotros. ¿Lo vais a echar por allí como basura? ¿Lo vais a tomar como cosa de burla? Eso es asunto vuestro: por mi parte, he cumplido. ¿Quién va a ser el que mejor lo aproveche en su favor? ¿Tú, el primogénito? ¿Tú, el que sigue? ¿Tú, el de enmedio, o tú el más pequeño de todos? ¡A poco tú vas a ser el entendidito, el hombrecito, el que tiene un corazón divino, como suelen decir! ¿Eres tú ese? Lo recibirás, lo atesorarás, lo escribirás en tu corazón. Y con eso te harás un beneficio y vivirás feliz en este mundo.

De los discursos que recogió Sahagún. En el Lib. VI, Cod. de Florencia, *ff. 70* v *a 74* v. *Es el cap. 17 del libro mencionado. Compárese con las versiones.*

6. EXHORTACIÓN E INSTRUCCIÓN A LAS HIJAS

Habla el rey:

—Estás aquí, collar mío, plumaje fino mío, criatura mía, hija mía: prueba de mi fuerza viril, de mi sangre y de mi linaje. Óyeme pues ahora y acoge lo que te diga:

Has nacido, has llegado a la vida, que te envía acá nuestro Señor el creador de los hombres. Y ya vas viendo cómo son las cosas y qué sentido tienen:

No hay placer, no hay alegría;
se sufre y se tienen penas;
hay cansancio, hay agotamiento y de ahí el dolor brota.

Sí, oye ahora:
Lugar penoso es la tierra, sitio que al hombre hace llorar, que le amarga las entrañas y hace amargo todo cuanto saborea:
agua helada, viento helado por todas parte se derraman.

Y sobre nosotros cae muy de veras calor, viento. Y hay hambre y hay sed.

Es en suma eso así.

Óyeme pues, hija mía:
La tierra no es sitio de dicha: no hay en ella alegría, no hay felicidad.

Suelen decir que es lugar de alegría con pena y de dicha con dolor.

Decían antaño los viejos:
Para que no siempre anduviéramos llorando, para que no siempre estuviéramos tristes, nos dio el Señor:
la risa, el sueño, el sustento, nuestra fuerza y nuestro brío y aquel dulce placer de la carne con que se propagan los hombres.

Todo eso alivia la vida en la tierra, con que no andemos llorando.

Y aun cuando eso es así, aunque en esta manera se

mantiene el mundo, ¿por eso vamos a estar oyendo sólo, vamos a tener miedo, a andar llorando?

Es uno lo que es: rey, jefe de guerra, persona que rige, que tiene rango, que se llega a Águila y Tigre, y ésa es la vida de la tierra y nadie anda intentando la muerte. Todo es afán, contienda, trabajo. Se busca mujer, o se busca marido.

Pues siendo esto así, hija mía, favor de oírme:

Aquí está tu madre y señora: de sus entrañas y de su seno te desgarraste y desprendiste; cual si fueras una hierbecita, como si fueras una plantita, de ella has brotado y has florecido: es como si estando dormida, hubieras despertado.

Ve, pues: oye, entiende: esa es la vida humana.

No vivas vida vana, no vivas sin cordura, no andes por lugares inciertos.

¿Cómo habrás de vivir? ¿Cómo habrás de seguir por breve tiempo el camino de la vida? Hijita mía, pequeñita mía, tortolita mía: se dice que la vida es lugar de conflictos, de espantos, de temores.

Ten entendido que procedes de gente de valía; de gente de prosapia eres brote: fruto y resultado de nuestros viejos señores. Esos reyes y amos que se fueron y allá en la lejana región de la muerte están en hilera; los que vinieron a tener el solio y el trono; los que vinieron a dar nombre y fama a la nobleza.

. . . .

No te envilezcas, no te abajes al nivel de la plebe: debes vivir en trato y compañía de las personas, aunque seas una pobrecita mujer.

Aquí están tus deberes:

Todo día y toda noche da culto a los dioses. Suspira muchas veces al que es Noche y Viento. Ruégale, clama a él, tiende hacia él tus manos.

Especialmente cuando te levantas, cuando te acuestas: y no hagas del sueño tus delicias.

Mantente despierta y echa un salto de la cama cuando media la noche: con tus codos, con tus rodillas recorre el suelo: alza hacia el dios tu cuello y tu cabeza.

Clama, eleva tu voz al que es nuestro dueño, el que es Noche y Viento. Él se place en oírte de noche y gusta de hacer mercedes, y es entonces cuando alcanzan sus dones los que lo merecen.

Aun cuando allá en la misteriosa oscuridad se te haya dado un signo funesto, y es mala la suerte y destino que te ha sido asignado, y bajo el cual has llegado a esta vida, con esa acción tuya se hará bueno, se enderezará, lo trastocará el Dueño del universo.

Y durante la noche mantente en vela. Levántate presto: extiende tus manos, desperézate: lava tu cara, lava tus manos, lava tu boca. Toma presto la escoba y ponte a barrer.

No des gusto a la cama; no te sientas a gusto en tu calor, sino que debes tomar primeramente el incensario: no lo omitas. Con él se obtienen dones, se logra la piedad de nuestro Señor.

Y hecho todo eso, ¿qué más hay que hacer? ¿A qué mujeril oficio habrás de dedicarte?

¿No será a la preparación de las bebidas? ¿A la molienda en el metate? ¿Al huso y al telar?

Ve con atención cómo quedan, cómo se preparan, cómo se hacen las comidas y las bebidas, lo que ha de comerse. Tales son aquellas comidas que se llaman comidas de los reyes, que son cosas de ellos solos y atributo propio de ellos. Es la razón de nombrarse comidas reales, bebidas reales, comidas de príncipes, y son bebidas hechas con mucho esmero, comidas hechas con mucha diligencia.

Ve todo eso bien y pon gran atención para que veas cómo todo resulte perfecto.

Si haces tal cosa, vivirás segura y tendrás gran estimación.

Y aun tendrás una nueva ventaja: bien pudiera ser que el Señor te señalara una pobreza suma y te veas en necesidad. Entonces, aplícate a un oficio muy de mujeres: el huso y el telar. Ábrete a ver en qué forma se hace la labor de la pluma y del bordado, el recamado de las telas, su tintura, el entreverar hilos de diversos colores, y la forma en que estas cosas hacen las sirvientas, las señoras y las mismas princesas. Y ver bien cómo se combinan los hilos largos y cómo se ponen los cabezales.

Pon atento ojo, abre bien tus ojos, no pienses a lo loco, no te des a la vanidad y deja de ser negligente.

Este es el tiempo oportuno, este es el buen tiempo. Eres ahora una esmeralda y es un zafiro tu corazón. Íntegro está aún, nada lo afea; puro está, nada lo tuerce; está entero, bien logrado y nada tiene que lo contamine.

Y estamos vivos aún también tus padres, nosotros los que hemos tenido tan grande estimación para ti, y que somos medios para que el mundo perdure.

Dirás tú: ¿Para qué nacería yo, para qué me han dado el ser?

Obra nuestra fue, nosotros te pudimos en penas, pero este es el medio por el cual perdura el mundo.

Y estamos aquí, en tanto que no llegue la mano del Señor con su palo o con su piedra, y aún no hemos muerto ni hemos desaparecido.

Ya lo oíste y lo sabes, hija mía, paloma mía, pequeñita mía.

Ahora bien, cuando hayamos muerto, cuando hayamos desaparecido, y nos haya ocultado el Señor, tendrás que vivir al amparo de otras personas. No será ni es tu suerte y destino vender legumbres en el mercado, ni leñas, ni sartas de chile, trozos de sal o polvo de salitre por esas puertas y esquinas, porque eres de noble linaje.

. . . .

Y aquí está otra cosa que mucho te recomiendo y con que te grito aún:

Criatura mía, hijita mía:

Sé sumamente discreta, no eches mancha a la grandeza y memoria de nuestros mayores ni sean por tu causa motivo de burla. No arrojes polvo y basura sobre su memoria y su historia.

Por nada de este mundo les des afrentas: no te entregues a una vida de disolución, a vida de cosas asquerosas y sucias, ni te sientas feliz con la basura. Y si no retornas de tu mala vida, ¿acaso te harás como una diosa? ¡Más valdría que murieras!

Y ahora otra cosa más:

Mucha calma, mucha tranquilidad: si alguno se fija en ti y así le plazca a nuestro Señor y alguno habla tocante a ti, no lo desdeñes, no le des con el pie, porque esa es la disposición de nuestro Señor. Acógelo, no te hagas a un lado, no pases dos y tres veces, haciendo la retraída.

Claro es que nosotros somos dueños de la hija, y tú naciste de noble progenie, pero no por eso te envanezcas, ni ofendas a nuestro Señor, que te echará al polvo y a la basura, a la vida de disolución. Y él se sentirá el valioso y el dominador.

En este punto, no te portes como la que en el mercado anda de cambalachera, tratando con una y con otra, o como la que en tiempo de verde anda escogiendo entre cosa y cosa. No andes con ansia loca en pos de nadie. No vaya a suceder que el escogido por nuestro Señor al cual tú rechazaste y le diste el puntapié se burle de ti y haga mofa de ti y vengas a parar en mujer de la calle.

¡No: ponte en vela! Ve bien que no tu enemigo goce de ti. No te entregues al que va de paso, ni al forastero, al que anda a caza de placeres, al de vida disoluta.

Tampoco sean dos o tres los que te traten. Ni que conozcan tu cara, ni tu cabeza en son de burla esos que han visto.

Uno solo unido a ti y hasta el fin.

Y eso sí, no lo abandones; apriétate y cuélgate a él. No importa que sea un pobre caballero Águila, un pobre Tigre, y aunque sea pobre de los últimos, y un pobretón que apenas tiene para vivir: no lo desdeñes, no lo hagas menos.

Y que os vea con atención y dé fortaleza aquel que cría y hace a los hombres.

Es lo que te digo yo y es todo lo que pongo a tus ojos para cumplir con mi deber, ante la mirada de nuestro Señor.

Ahora puede ser que tú lo arrojes por allí, como basura: tú lo sabes: yo cumplo con mi obligación.

Hija mía, criatura mía, que nuestro Señor te haga feliz y te prospere.

De la colección que recogió Sahagún, se halla en el Códice de Florencia, *ff. de 74* v *a 80* r. *Se han omitido algunos fragmentos, como indican las líneas de puntos.*

7. EDUCACIÓN SEXUAL AL HIJO

Óyeme, por favor, hijo mío, varoncito mío estas mis palabras; guárdalas en lo más íntimo de tu corazón, escríbelas allí. Palabras son y sentencias que nos dejaron nuestros mayores, los viejos y viejas que antes de nosotros vivieron y vieron, admiraron y consideraron las cosas de esta vida humana. Es lo que nos trasmiten los *Discursos de los Ancianos,* tradición y tesoro y reserva de su saber.

Dicen pues:

Una vida pura, un corazón que no está lacrado, ni tiene tilde ni mota, es similar a una esmeralda y a un zafiro perfectamente labrados. No hay sombra ni hay mancha.

Los que viven vida casta, cual zafiro y cual esmeralda reverberan ante el Señor; son cual plumaje de quetzal muy verde y muy airoso, bien enhiesto y arqueado. Esos son los de buen corazón y alma limpia.

Y favor de oír más:

Fueron dejando dicho los viejos y viejas:

Los niños y jovencitos son muy amigos y muy amados del Dueño del mundo, al par que las jovencitas. Viven a su lado, él los ve como amigos, a su lado gozan.

Y es esta la causa y razón de por qué los antiguos que entienden bien las cosas de culto y moderación por su vida de devota servidumbre con el incienso y con la oración, dan la firmeza y confianza a jovencitos y jovencitas para que bien vivan.

Los ancianos a los que educan los despiertan, les hacen grato el sueño. Los desnudan, los rocían con agua. Y ellos van a barrer, a ofrendar su fuego e incienso y si son mujeres, a limpiar la boca a los dioses.

Es entonces cuando el Dueño del mundo los oye, recibe su llanto, su devoción, sus suspiros, sus plegarias.

Y se dice muy bien los de "buen corazón", porque nada hay que a ellos se asemeje: puros, perfectos, completos, cual un jade y cual una turquesa. Y dice el dicho: "Por ellos la tierra dura y ellos aplacan a los dioses."

También están los sacerdotes y los ministros que tienen vida casta y los penitentes de limpio corazón recto, bueno, amable, purificado. Con una vida sin tacha, sin sombra y sin polvo alguno. Y ellos van al Dueño del mundo y ofrendan sus inciensos y hacen oración y plegarias.

Y siguen los hombres viejos, sabios, conocedores de los libros, muy amados por su casto corazón. Ya no ven, ya no les place el polvo y la basura [e.d., la lascivia] Y por eso los reconoce, los busca y los ama y con ellos se comunica cada uno de los dioses.

Al que se conserva en integridad o muere en la guerra, viene a hablarle, viene a llamarlo el Sol. Muy cerca, muy al lado del Sol va a vivir; lo va siguiendo como a su capitán, le va dando vítores, lo agasaja y en todo tiempo está feliz y alegre. Es dichoso, anda chupando la miel de muy variadas flores, fragantes, gratas, bellas. Nada hay en él que le turbe el corazón. Y de veras vive en la Casa del Sol, lugar de dicha y de felicidad.

Y según se dice, un muerto así, joven y limpio, adolescente, que fue a morir a Huexotzinco, de nombre Mixcóatl, tuvo este canto que se le entona aún:

> Oh, Mixcóatl eres digno de cantos,
> vivirás para siempre en la tierra;
> vivirás al son de los atabales,
> darás gran placer a los reyes,
> y habrán de verte tus amigos.

Y sigue la respuesta de este efusivo aliento con que se celebraba a Mixcóatl:

Tu corazón semeja un puñado de zafiros,
y tú lo ofrendas y dedicas al Sol:
¡aún brotarás y nuevamente habrás de florecer
en la tierra,
y has de vivir al son de los tambores.
En Huexotzinco darás deleite a los príncipes,
y habrán de verte tus amigos.
. . . .

Y en cuanto a los niñitos que no probaron las cosas de este mundo se vuelven esmeraldas y no van a los lugares tenebrosos de la muerte y el terror, donde el aire hiende las carnes y las corta, y es helado en suma intensidad. Ellos van a la casa del Señor de la Vida, y viven allí junto a su fuente: chupan miel en las flores del sol y viven al lado del Árbol de nuestro sustento, y en sus flores chupan la miel.
. . . .

Y ahora hijo oye en qué forma tienes que vivir:
No desees polvo y basura [e.d., cosas libidinosas], no te complazcas en lo que mancha, lo que ensucia y perjudica, lo que acarrea mortífera influencia.
. . . .

Cierto es y debes saberlo. Para que el mundo prosiga es necesaria la unión de la mujer y el varón. Es lo que dejó estatuido el Dueño del universo. Y tú vas a descubrirlo.

Pero no por eso te arrojes, como perro al alimento que con toda prisa traga. No te dejes arrastrar de la carnal deleitación.

Tienes que cobrar mayores bríos masculinos. Tienes que robustecer tu fuerza varonil, y tienes que llegar al desarrollo pleno y total.

Eres como un maguey: tienes que echar tu vástago cuando maduro estés. Y eso te hará tener varonía y fuerza marital. Y tus hijos serán robustos, fuertes, potentes, bien labrados, hermosos, bien hechos, y qué lindos.

Y así, éntrale a la vida mundana, vida de sexo, y serás robusto, despierto, activo.

Ahora supón que te abalanzas a la vida de la carne, sin ton ni son, y desaforadamente, y te pones a ensayar toda clase de tretas en esa materia, ¿qué pasará?

Decían los viejos:

Se le corta el crecimiento; será un enclenque, una lengua blanca, de boca hinchada, de boca abotagada; todo el día moqueando, descolorido, pálido, y con larga fluxión nasal que llega a la tierra. Y luego, encorvado, paso a pasito por la calle, un tembeleque, un tullido, un jorobadillo infeliz, y si alcanzas por fortuna a vivir un poco en este mundo, serás un vejezuelo infeliz, sin ninguna importancia.

. . . .

Un maguey que se raspa deja de manar. Y también el hombre deja de dar lo que da el varón. Ya nada dice, ya nada hace a su consorte de lecho: ella sentirá repulsión por ti, te verá con asco porque la estás matando de hambre. Y es cuando a ella se le despierta y se le enardece el placer que tú tenías que darle, pero tú ya acabaste, ya estás agotado, ya no puedes satisfacerla y ella hará por buscar en otra parte el sustituto: parará en adúltera y te será infiel. Antes de tiempo eres un hombre agotado y consumido.

Oye algo más:

Aunque en buen tiempo hayas llegado a la plenitud de tu potencia varonil, no por eso te apresures a acabar con ella. Verdad es que debes tratar y hacer uso del cuerpo de tu mujer, como que es cosa tuya y parte de ti mismo, pero no te des zampadas como si fueras un muerto de hambre, no te hartes de prisa. Es decir, no te des con afán excesivo, ni te agotes en esa porquería. Mesura, medida, calma: eso se requiere para hacerlo. Y si tal haces, cómo gozarás, qué gustoso quedarás y cómo lo saborearás. De otro modo tú mismo te matas o te causas perjuicios.

Decían los viejos:

No hay que ser como maguey que lo raspan mucho, ni como manta lavada y muy exprimida cuando está empapada. Se restira, se aprieta y muy pronto queda enjuta y sin jugo: eso serías tú en las cosas de la carne. Un hombre inútil, sin valor para nada: encorvado, tullido, enclenque, con el moco colgando y casi en cuatro patas, sin sentido y sin fuerza.

Oye y mira lo que pasó una vez:

Apresaron y encarcelaron a un hombre. Viejo era ya, con cabeza cana, y se le acusó de haber cometido un adulterio. Le preguntaron:

—¿Pues qué, todavía le place el carnal deleite de la mujer?

Dijo él:

—Ahora más; cuando mayor urgencia siento. Que en mi mocedad y juventud nunca supe de mujer y no tuve experiencias de esa clase, y ahora maduro y viejo es cuando tengo la urgencia. Y me doy al placer de este mundo.

Y ahora va otra historia: tenla presente y no la olvides:

En tiempo del señor Nezahualcóyotl dos viejecillas de cabeza cana más que la nieve, ya con fibra de maguey su cabeza, fueron llevadas a la cárcel, porque habían sido adúlteras e infieles a sus maridos.

Ellos eran viejos ya. Y ellas buscaron unos muchachones servidores del templo para darse gusto, y hacer lo que intentaban.

El rey Nezahualcóyotl les preguntó:

—Abuelitas, ¿qué piensan? ¿Todavía andan en deseos mundanales? ¿No se han saciado sus ansias? Y, ¿qué sería cuando eran jóvenes? Díganlo y luego. Para eso están aquí.

Y respondieron las viejas:

—Señor y amo nuestro: oye y atiende.

Vosotros los varones os aflojáis muy pronto, os cansáis y gastáis. Todo se acaba y ya no hay deseo de nada. Pero nosotras las mujeres no nos aflojamos: una cueva, un abismo hay en nosotras. Está en espera de su dádiva y quiere su don. Recibe lo que le dan.

Y más ahora: si ya estás amortecido, si ya no puedes despertar a la acción, ¿qué harás?

Entonces, en final, hijo mío, vive en cordura y discreción y calma y quietud: nada de sucio y feo haya en tu vida.

8. EXHORTACIÓN DE UN PADRE A SU HIJO, AL DEJARLO EN LA ESCUELA SUPERIOR (CALMÉCAC)

El que se halla cerca y junto, aquí te viene a poner. Y están aquí tu padre y tu madre, por cuyo medio has venido al mundo. Y aunque de ambos has resultado, mucho más compete al padre darte la instrucción y abrirte los ojos, destaparte los oídos. En sus manos y en su boca están agua fría y ortiga [e.d., castigo].

Oye ahora bien y atiende. Eres tiernecito y te dedico al Calmécac, yo padre y yo madre te entrego.

Aquí tendrás que barrer, que recoger lo barrido por amor a Quetzalcóatl.

Tu madre y tu padre te entregan y te elevan como ofrenda a este lugar que ahora es tuyo. Eres de él cosa propia, eres de él cosa adquirida.

Óyeme ahora hijo mío, mi amado, mi nieto, mi uña y mi pelo, el más pequeño de mis hijos:

Tú llegaste a la vida, tú naciste en la tierra: te envió acá nuestro dueño, te envió acá nuestro amo.

Pero no eras cual eres cuando llegaste aquí.

No podías tender los brazos, ni abrir las manos para defenderte.

Te ha dado brío tu madre, que junto a ti se afanó, se cansó, se agotó. Por ti cortó su sueño y limpió tus inmundicias. Y con la leche de sus pechos te hizo espesarte.

Pero has crecido un poco y quieres ir y ver por todos lados. Quieres moverte por doquier.

Ve pues al sitio a donde te dedicaron entre papeles y entre incienso tu madre y tu padre. Es el Calmécac, casa de llanto, casa de lágrimas, casa de austeridad. Allí cual joyas se forjan y allí cual flores abren sus corolas los príncipes. Cual esmeraldas son perforados, como flores dan color y aroma. Allí nuestro señor labra y dispone a sus príncipes como quien forja un plumaje de quetzal, o un collar de rica hechura. Allí hace gracia y elige a los hombres aquel que hace vivir todo.

De ahí salen nuestros amos, los reyes y los señores, los que rigen la ciudad. De ahí salen los que tienen dominio y mando. De ahí selecciona el dueño del mundo a los que han de formar en el orden de los Águilas y los Tigres. Esos en cuya mano está la urna del Águila y el tubo del Águila.

Ve pues, hijo mío. No veas de soslayo para tu casa, ni a su interior. No digas en tu interior:

—Allá está mi madre, allá está mi padre, allá hay muchos que habitan. Mis parientes, mis allegados y allá están mis propiedades. Allá tengo que comer, allá tengo que beber, allá en abundancia nací. En sitio de bien estar he llegado a la vida.

Pues eso se te acabó: tendrás que reconocerlo.

Lo que tienes que hacer aquí, lo que te tocará obrar es: Barrer, recoger basura, ir a echarla por allá lejos. Tendrás que preparar todo, tendrás que velar de noche, o levantarte a la aurora.

Lo que te pidan y manden, no podrás evadirlo. Habrás de ir con presteza, no con pies de plomo y pesados.

Tan pronto como oigas el mandato te levantarás presto. Irás a toda prisa. No hay que tener que llamarte dos veces. Ir presuroso, realizar lo que te manden: tal es tu deber.

Oye bien, hijo mío: Allá donde vas, no es para ser honrado, ni para ser obedecido, para que todos estén atentos a lo que tu rostro indique. No, sino que tendrás que estar atento a lo que se te mande e imponga. Tendrás que hacer tu oficio y cumplir con tu deber.

Y si te sientes sobrado, si se te altera y calienta la carne, refrénate y recátate: no desees ni recuerdes lo que es polvo y basura.

Pobre de ti, insensato, si en tu interior recuerdas y deseas lo que es inmundo y feo, lo que incita al mal, el polvo y la basura. Habrás perdido todo tu mérito. Y como sea tu mérito, así será tu premio.

Haz todo cuanto puedas. Deja a un lado el ardor y alteración sexual.

He aquí lo que has de obrar, he aquí lo que has de hacer:

Te has de aplicar al corte de espinas sacrificiales, a desgajar ramas de abeto, a la ofrenda de espinas ensangrentadas, a la bajada al agua del baño nocturno.

Y al comer no has de hartarte, sé moderado en comer, ten por cosa valiosa no estar pleno de tu estómago. Los de pocas carnes, los que casi sólo son huesos, no tienen ardor de huesos, ni su carne se les altera. Pocas veces en ellos hay alteración sexual.

No vistas con mucha ropa. Haz que tu cuerpo endurezca. Vas a hacer penitencia, vas a dirigir plegarias y peticiones al Dueño del cerca y junto. En el seno y en el regazo del Señor vas a introducir tu mano.

Y cuando el ayuno llegue, cuando haya que amenguar el sustento del estómago, no hagas por faltar a él. Eso es con que se vive, aunque doloroso sea. Cumple con ello bien.

Pon gran esmero en la tinta y el color, el pliego y la pintura. Ponte al lado de los sabios, sigue al par de los expertos.

Hijito mío, niño mío: ya eres pajarillo que vuela, ya percibes bien las cosas. Ya las puedes comprender. He dicho yo mi palabra que es deber de viejos y viejas.

Guárdala y atesórala, no la deseches por allí. Y si de ella te ríes, serás un pobre infeliz.

Mucho te dirán allá en la casa a donde vas. Es casa de instrucción. Allá tendrás que agregar, allá tendrás que cotejar las palabras de los ancianos. Y si alguna cosa hubiere que saliere de la recta norma, no rías de ella.

Anda, hijo: adelante: pequeñito mío: la escoba y el incensario. Ésos serán tus oficios.

Documentación de Sahagún. Códice de Florencia, *ff.* 178 R y *ss.*

III. MUESTRA DE SAGAS HISTÓRICAS

La historia se conservaba en escritos figurativos, en que se anotaba el día, el mes, el año y el hecho. Pero había un gran auxiliar de la historia, el más vivo, que era la voz de los narradores. Hecho nada extraño si tenemos en cuenta la forma de transmisión de la Ilíada *y la* Odisea. *Los rápsodas recorren Grecia para recitar o cantar en forma melopéyica el relato. Similar es la forma de conservación de la historia en los pueblos mexicanos. Doy aquí una muestra de estas sagas, además de las que se incluyeron en la parte destinada a poemas de tenor épico.*

9. CAÍDA DE TULA

En el año 2-Casa ya hubo contiendas entre ellos. Ya riñen y se enemistan por la obra del dicho Huémac.

Apenas vieron al niño los toltecas, lo tomaron a su cargo. Lo criaron y lo educaron, y en verdad que resultó un don de Tezcatlipoca, el dios enemigo. Era una artimaña suya para que se dispersaran, para que hicieran contiendas toltecas y chichimecas.

Cuando llega a ser un joven Huémac manda que los de Nonoalco vengan a hacer servicio en su casa.

Ellos luego le dijeron: —Señor, estamos aquí: dispón lo que te convenga. Y así, comienzan su oficio.

Pidió Huémac a los de Nonoalco que le trajeran mujeres. Dijo así:

—Dadme tributo, pero ha de ser de mujeres. Y ésas habrán de tener caderas de cuatro jemes.

Ellos dijeron:

—Que sea. Vamos a buscar mujeres con caderas de cuatro jemes.

Llegan con ellas y Huémac no quiso aceptarlas. No llenaban la medida que él les había pedido.

—No es eso lo que yo quiero: no llegan a cuatro jemes. Yo más grandes las deseo.

Enojados los de Nonoalco, se marcharon con ellas. Las enredan en sus faldas y se van muy enojados. Y se decían unos a otros:

—¿Quién ese que de nosotros se burla? ¡Lo aconsejan los toltecas!

¡Muy bien: le haremos la guerra! ¿Dónde podríamos hallar lo que él nos está pidiendo?

Y al momento disponen escudos y flechas los nonoalcas. Se hacen guerra unos con otros y se matan llenos de ira.

Icxcóhuatl y Quetzaltehuéyac se decían el uno al otro:

—¿Por qué van a la guerra? ¿Por qué se matan unos a otros? ¿Qué, yo acaso di principio, qué, yo pedí a una mujer? Y por eso es la batalla y por eso hacemos guerra.

Huémac tiene que morir: él nos puso en esta contienda de matarnos unos a otros.

Pero los capitanes de los nonoalcas, Xelhua, Mehuetzin, Cuauhatzin, Citlamacuetzin, dicen a los dos que hablaban:

—¡No se enojen, mis señores! Yo no soy el que hace esto. Huémac tiene que morir.

Pero cuando supo Huémac que ellos ya no lo querían, emprendió la fuga.

Los de Nonoalco lo iban siguiendo, le iban lanzando dardos, le iban dando grandes gritos, con sus alaridos lo azoraban.

Y tanta fue la grita y la persecución que se fue a refugiar a la gruta del Dios Mazorca [Cintli].

Entraron ellos y lo aferraron de los cabellos. Desde la coronilla y lo fueron arrastrando. Y al borde de la cueva con sus flechas lo mataron.

Cuando llegaron a Atlahuimolco oyeron aves de bellas plumas y que cantaban y les decían:

—¡Aquí tiene que ser!

El sacerdote se santificó y dijo al dios que da la vida:

—Señor nuestro, ¿es aquí donde tu corazón lo dispone? ¿Es aquí donde nos vas a conceder una ciudad? El creador y el hacedor eres tú. Tú el que hace dones a nosotros hechuras y vasallos tuyos.

Hace siete asientos y en ellos coloca sus espinas de sacrificio, y allí pone sus varas de autoridad.

El dios que da la vida, hacedor de todo le responde:

—Ya aquí será nuestra ciudad. Ve y trae contigo a los de Nonoalco. No se dobleguen ante la pena. Ya más tarde todos vendrán.

Historia Tolteca Chichimeca, Ms. de 1542, *f* 3 y 4. *Se da la parte esencial y es una de las versiones de la caída de Tula.*

BIBLIOGRAFÍA E ÍNDICE

BIBLIOGRAFÍA

En esta nota de autores pongo lo principal para el estudio de quien quisiere ahondar en esta materia. Muchas obras con toda intención se omiten.

Alcina Franch, José, *Floresta Literaria de la América Indígena;* Madrid, Aguilar, 1957.

Alvarado Tezozómoc, Fernando, *Crónica Mexicayotl;* Edición paleografiada y con versión de A. León, México, 1947. Ms. en la biblioteca del Museo Nacional de Antropología.

Brinton, Daniel G., *Rig Veda Americanus;* Philadelphia, 1887.

——, *Ancient Nahuatl Poetry;* Philadelphia, 1890.

Cornyn, J. H., *The Song of Quetzalcoatl;* Yellow Springs, Ohio, 1930.

Códice de Cuauhtitlan; Edición Lehman con versión alemana, 1938; Edición Velázquez con versión castellana, 1945; Ms. redactado hacia 1570 en el Museo Nacional de Antropología.

Garibay K., Angel M., *Historia de la Literatura Náhuatl;* México, 1953 y 1954, 2 vols.

——, *Poesía Indígena de la Altiplanicie;* México, 1940, 1952 y 1962.

——, *Panorama Literario de los Pueblos Nahuas,* México, 1963.

Historia Tolteca Chichimeca; Edición facsimilar de Mengin, Copenhagen, 1942; Ms. en la Biblioteca Nacional de París.

Huehuetlatolli; Ms. inédito recogido por Olmos, Washington, Biblioteca del Congreso.

Lambert, Jean-Clarence; *Chants Lyriques des Azteques;* Paris, Seghers, 1958, 49 pp.

——, *Les Poesies Mexicaines;* Paris, 1961.

Lehmann, Walter, *"Die Geschichte der Königreich von Colhuacan und Mexico",* en *Quellenwerke zur Alten,* Stuttgart & Berlin, 1938.

León-Portilla, Miguel; *La Filosofía Náhuatl Estudiada en sus Fuentes;* México, 1956 y 1959.

——, *Aztec Thought and Culture;* Oklahoma, 1963.

Paso y Troncoso, Francisco, *"Los Libros de Anáhuac";* Memoria al Congreso de Americanistas celebrado en México, 1895; Reproducción del Dr. Nicolás León, 1918.

Peñafiel, Antonio, *Cantares en idioma mexicano;* Reproducción facsimilar del Ms. original existente en la Biblioteca Nacional de México, 1904.

Pomar, Juan Bautista de (Ver *Romances de los Señores de la Nueva España*).

Romances de los Señores de la Nueva España; publicado y traducido por Angel M. Garibay K., México, Universidad Nacional Autónoma de México, 1963. Ms. en la biblioteca de Austin, Texas; 42 ff. siglo XVI.

Ruiz de Alarcón, Hernando; *"Tratado de las Supersticiones de los Naturales de esta Nueva España"*, en *Anales del Museo Nacional de Antropología e Historia,* 1892. Edición de Navarro, México, 1953.

Sahagún, Fr. Bernardino de, *Documentos de los indios dados a Códices Matritenses;* Texto, versión, edición y traducción de Miguel León-Portilla y Angel M. Garibay K., Universidad Nacional Autónoma de México, en preparación.

——, *Documentos de los Indios dados al Codex Florentinus;* Edición y traducción de Ch. A. Dibble y A. Anderson en curso; Santa Fe, New Mexico, 7 vols., 1951-1957.

——, *Historia General de las Cosas de la Nueva España;* Edición Bustamante, 1829, 3 vols.; Edición Robredo, 1938, 5 vols.; Edición Acosta Saignés, 1946, 3 vols.; Edición Garibay, 1956, 4 vols.

Schultze-Jena, Leonhard, *"Alt-Aztekischen Gesänge"*; en *Quellen zur Alten Geschichte Amerikas,* Stuttgart, 1957, vol. VI.

Seler, Eduard, *"Die Religiösen Gesängen der Alten Mexikaner"*, en *Gesammelte Abhandlungen,* Berlin, 1904, pp. 959-1107.

Unos Anales de la Nación Mexicana; Edición facsimilar de Mengin, Copenhagen, 1945; Ms. 22-A y 22-B en la Biblioteca Nacional de París.

Van Zantwijk, R. A. M., Aztec Hymns as the expression of the mexican Philosophie of Life, en *International Archives of Ethnography,* 1957, vol. XLVIII.

ÍNDICE GENERAL

LA LITERATURA DE LOS AZTECAS
SE IMPRIMIÓ EN LOS TALLERES DE
TINTA Y DISEÑO IMPRESO, S.A. DE C.V.
GRAL. FRANCISCO MUNGUÍA 141
AZTCAPOTZALCO, MÉXICO, D.F.
SE TIRARON 1 000 EJEMPLARES
Y SOBRANTES PARA REPOSICIÓN

IMPRESO Y HECHO EN MÉXICO
PRINTED AND MADE IN MEXICO